2019
四大直辖市投资蓝皮书

四大直辖市投资结构和宏观效益比较研究

北京市经济与社会发展研究所课题组◎著

中国市场出版社
China Market Press
·北 京·

图书在版编目（CIP）数据

四大直辖市投资蓝皮书：2019：四大直辖市投资结构和宏观效益比较研究/北京市经济与社会发展研究所课题组著．—北京：中国市场出版社，2019.4

ISBN 978-7-5092-1781-8

Ⅰ．①四…　Ⅱ．①北…　Ⅲ．①城市建设-投资-研究报告-中国-2019　Ⅳ．①F299.23

中国版本图书馆 CIP 数据核字（2019）第 025316 号

四大直辖市投资蓝皮书（2019）

——四大直辖市投资结构和宏观效益比较研究

SIDA ZHIXIASHI TOUZI LANPISHU（2019）

——SIDA ZHIXIASHI TOUZI JIEGOU HE HONGGUAN XIAOYI BIJIAO YANJIU

作　　者：北京市经济与社会发展研究所课题组

责任编辑：宋　涛（zhixuanjingpin@163.com）

出版发行：中国市场出版社

社　　址：北京市西城区月坛北小街 2 号院 3 号楼（100837）

电　　话：（010）68034118/68021338/68022950/68020336

经　　销：新华书店

印　　刷：河北鑫兆源印刷有限公司

开　　本：170mm×240mm　1/16

印　　张：14.75　**字　　数**：240 千字

版　　次：2019 年 4 月第 1 版　**印　　次**：2019 年 4 月第 1 次印刷

书　　号：ISBN 978-7-5092-1781-8

定　　价：68.00 元

课题组成员

课题组负责人

刘秀如

课题组成员

刘秀如　于　萌

雷来国　滕秋洁

张晓敏　马晓春

郭　蹶　贾　硕

序言

现阶段，我国经济正由高速增长阶段转向高质量发展阶段，经济增长动力逐渐由要素驱动向创新驱动转型。在此转型期间，发挥投资对优化供给结构的关键作用十分重要。因此，选取我国四大直辖市固定资产投资结构和宏观效益作为研究对象，具有重要现实意义。本书致力于投资结构和宏观效益领域的深入研究、系统研究和实证研究，为我所的同类研究进行长期积累，为专家学者的同领域研究奠定基础，为政府部门的投资调控提供参考。

本书的主要成果源于“四大直辖市投资结构和宏观效益比较研究”课题。该课题以四大直辖市固定资产投资结构和宏观效益为研究对象，以经济社会发展阶段为研究背景，分三个维度进行了系统研究。第一个维度，以四大直辖市作为一个整体，综合研究投资结构和宏观效益问题，总结梳理并提炼概括共性特征，分析规律和趋势，形成总报告。第二个维度，以四大直辖市具体投资结构为研究对象，横向与纵向相结合，数据跨度超过十年，专题研究某一投资结构的个性特征、存在问题以及影响投资结构和效益的因素分析等，并提出优化投资结构、提高投资效益的政策建议，形成各专题研究报告。第三个维度，从天津、上海、重庆各自城市发展阶段出发，研究总结投资结构和宏观效益问题，为北京和其他城市提供借鉴。本书在体现该课题研究成果的同时，为了兼顾投资蓝皮书的时效性，在总报告中增加了对 2019 年四大直辖市投资形势的预测和展望。

本书中的投资都是指固定资产投资，研究依据的数据来源于统计局公开的数据。由于时间和水平有限，以及囿于数据资料的获得，本书还存有一些遗憾之处，有些研究尚不深入。欢迎读者批评指正。

最后，感谢天津市经济发展研究院、上海市发展改革研究院和重庆市综合经济研究院为该课题调研提供的支持，以及为丰富本书内容提供的研究成果。

北京市经济与社会发展研究所

课题组负责人　刘秀如

2018 年 12 月 10 日

目录

借鉴篇

综合篇

ZONGHE PIAN

第一章　四大直辖市投资结构和宏观效益比较研究总报告

前　　言

我国现有北京、天津、上海、重庆四大直辖市（简称京津沪渝）。所谓直辖市，顾名思义就是指由中央政府直接管辖的城市。作为国家一级行政区划单位，我国宪法规定，直辖市分为区、县。截至2017年年底，京津沪已全部为区，且均为16个区；重庆有26个区、8个县、4个自治县。四大直辖市，从称谓上已经能直观地反映出其在全国经济社会发展中的地位与作用了。在我国经济由中高速增长阶段转向高质量发展阶段的攻关期，城市特别是大城市经济社会发展率先转型，对全国具有极强的引领带动作用。因此，从四大直辖市的角度研究问题十分重要和必要。

所谓高质量发展，就是贯彻“创新、协调、绿色、开放、共享”新发展理念的发展；是以供给侧结构性改革为主线，推动质量变革、效率变革、动力变革的发展；是以优化经济结构为手段，逐步建立现代化经济体系的发展；是以深化改革开放为保障，早日实现创新驱动的发展。在这一转型发展的攻关期，发挥好投资对优化供给结构的关键作用不可或缺。而深化投融资体制改革，优化调整投资结构，不断提升投资效益，也是供给侧结构性改革的应有之义。因此，从四大直辖市的投资结构和效益角度进行研究十分重要和必要。

本研究所称的投资是指固定资产投资，即以货币形式表现的在一定时期内全社会建造和购置固定资产的工作量以及与此有关的费用的总称。本研究所称的投资结构是指，固定资产投资总量中各组成部分之间和各组成部分在总量中的数量比例关系。这里主要选取固定资产投资率、三次产业投资结构、房地产投资结构等主要指标进行分析。本研究所称的投资宏观效益是指，固定资产投资所获得的国民经济和社会发展整体效益或最终效益，具有间接性、长远性和综合性。研究主要对投资的宏观经济效益和投资的结构调整效益进行分析。主要指标选取投资效果系数（又称增量资本产出率）、投资弹性系数和固定资产交付使用率等，并结合投资结构对产业结构的影响进行分析。笔者把投资结构对产业结构调整的作用称为结构调整效益。投资调控作为国家宏观调控的重要组成部分和手段，正逐步由投资规模的调控向重点调控投资结构、提高投资效益转变。本研究也希望对政府部门的决策具有参考作用。

本研究的主要观点：(1) 四大直辖市主要投资指标在全国占有重要地位，投资结构的城市特征显著，投资强度和收益均高于全国水平。(2) 四大直辖市投资结构的一致性和差异性并存。一个城市投资结构最终取决于城市自身功能定位、政策取向、经济基础、资源优势等，在不同的经济发展阶段，投资结构存在差异；在同一发展阶段，因城市基础不同，投资结构也存在可能的差异，但是投资结构优化的趋势是一致的。(3) 四大直辖市都存在投资高速增长时期，也存在投资下滑明显甚至负增长时期，这既与宏观经济形势相吻合，也与城市发展战略转型相一致。政府主导型投资增长的特征显著，内生性投资增长机制有待完善。随着竞争中性原则的确立，营商环境的整体改善，投资便利化改革的深入，投资的集中决策将向分散决策转变，投资增长的内生性和稳定性将有所增强。(4) 四大直辖市宏观投资效益指标有波动下降趋势，房地产开发投资的作用值得进一步关注。“三新”（新产业、新业态、新商业模式）经济投资有所提升。城市经济发展水平越高，投资的外溢效益越明显。(5) 四大直辖市同时也是我国京津冀、长三角、成渝城市群的中心城市。对标国际公认的发达国家城市群，四大直辖市总体和人均经济总量与世界城市差距较大，发展仍是第一要务，投资仍存在一定增长空间。需要更加关注投资增长、结构、效益与高质量发展的关系，走出一条具有中国特色的高质量发展之路。

需要说明的是，任何指标都难免有一定局限性，但不妨碍在实证研究中运用这些指标分析说明问题。目前，四大直辖市虽处于不同发展阶段，但在实证研究仍具有一定可比性。本研究所用数据除特殊说明外，均来源于各直辖市统计年鉴或统计公报，以及中国统计年鉴。

一、四大直辖市主要投资指标在全国的地位

（一）固定资产投资比重低于地区生产总值比重

2017 年，我国国内生产总值（GDP）达 827122 亿元，经济总量稳居世界第二位，人均 GDP 59660 元。京津沪渝四大直辖市地区生产总值合计 96229 亿元，占全国国内生产总值的 11.6%。全社会固定资产投资合计 45021 亿元，占全国投资的 7%。其中，京津沪人均地区生产总值是全国人均 GDP 的 2 倍左右，投资率（固定资产投资/地区生产总值，下同）远低于全国平均水平。重庆的人均地区生产总值和投资率均略高于全国平均水平（详见表 1-1）。

表 1-1　2017 年四大直辖市总体情况比较表

指标	全国	北京	天津	上海	重庆
国内（地区）生产总值（亿元）	827122	28000	18595	30134	19500
人均生产总值（万元/人）	5.97	12.9	11.9	12.5	6.4
生产总值增长（%）	6.9	6.7	3.6	6.9	9.3
全社会投资（亿元）	641238	8948	11289	7247	17537
投资率（%）	77.5	32	60.7	24	89.4

注：本表北京全社会投资数据来源于北京统计年鉴，津沪渝数据来源于中国统计年鉴，投资率=全社会固定资产投资/国内（地区）生产总值。

（二）房地产开发投资比重高于固定资产投资比重

2017 年，京津沪渝四大直辖市房地产开发投资合计 13815.9 亿元，占全国房地产开发投资的 12.6%，高出固定资产投资所占比重 5.6 个百分点。全国房地产开发投资增速同比增长 7.0%，其中北京和天津房地产开

发投资增速同比分别下降 7.4% 和 2.9%；上海和重庆房地产开发投资增速同比分别增长 4.0% 和 6.8%。四大直辖市房地产开发投资占全社会固定资产投资比重最低是天津为（19.8%），最高为上海（53.2%），高低相差 33.4 个百分点。

（三）国有投资比重低于固定资产投资比重

2017 年，京津沪渝四大直辖市国有固定资产投资额合计 7223 亿元，占全国国有投资的比重为 5.2%，低于固定资产投资占全国的比重 1.4 个百分点。从国有投资比重看，四大直辖市依次为上海 19.45%、重庆 18.13%、北京 17.85% 和天津 10.1%，均低于全国 21.69% 的比重。

（四）基础设施投资比重高于固定资产投资比重

2017 年，京津沪渝四大直辖市基础设施投资合计 12585.9 亿元，占全国基础设施投资的比重为 9%，高于固定资产投资所占比重 2 个百分点。从基础设施投资增速看，北京基础设施投资额同比增长 24.4%，高于全国 19.0% 的增速；重庆和上海同比分别增长 15.8% 和 9.9%，低于全国的增速；天津同比则下降 17.6%。

（五）投资强度和收益远高于全国平均水平

2017 年，从四大直辖市建设用地地均生产总值看，上海最高为 975.8 万元/公顷，是全国平均水平的 4.7 倍；第二是北京 777 万元/公顷，是全国的 3.7 倍。从地均生产总值增长看，四大直辖中北京最高，增长 8.8%。从人均固定资产投资额看，天津最高为 7.24 万元/人，是全国的 1.6 倍；重庆第二为 5.67 万元/人，高于全国平均水平；北京、上海分别为 4.12 和 2.98 万元/人，低于全国平均水平。从建设用地地均固定资产投资看，四大直辖市差异不大，均高于全国平均水平。其中天津最高为 270 万元/公顷，是全国平均水平的 1.7 倍，上海最低为 234.7 万元/公顷，是全国平均水平的 1.45 倍（详见表 1-2）。

表 1-2　四大直辖市投资强度指标比较表

指标	全国	北京	天津	上海	重庆
2017 年人均生产总值（万元/人）	5.97	12.9	11.9	12.5	6.4
2017 年人均固定资产投资额	4.6	4.12	7.24	2.98	5.67
2017 年地均生产总值（万元/公顷）	209	777	445.6	975.8	284.8
2016 年地均生产总值（万元/公顷）	190.3	713.6	431.6	913.4	262.6
2017 年地均固定资产投资额	162	248.4	270	234.7	254.8
2016 年地均固定资产投资额	164	248.8	272.1	234.9	258.1

注：地均按照建设用地面积计算，本表建设用地面积数据来源于《中国统计年鉴 2017》《中国统计年鉴 2018》。

据自然资源部的数据[1]（详见表 1-3），从四大直辖市经济增长的地耗水平看，天津最低为 2.42 公顷/亿元，北京次之为 2.48 公顷/亿元。从四大直辖市单位固定资产投资地耗水平看，天津最低为 0.27 公顷/亿元，北京次之为 0.4 公顷/亿元。从四大直辖市国土开发强度看，上海国土开发强度最高为 36.89%，是全国平均水平的 5.26 倍，天津次之为 34.77%，北京为 21.93%，重庆仅 8.2%。另据相关资料[2]，英国伦敦的开发强度为 23.7%，日本东京的开发强度最高也只有 29.4%。

表 1-3　四大直辖市建设用地节约集约利用更新评价核心指标表

指标	全国	北京	天津	上海	重庆
国土开发强度（%）	6.83	21.93	34.77	36.9	8.2
建设用地人口密度（人/平方公里）	3694.5	6040	3769.7	7838.3	4511.6
人口与城乡建设用地增长弹性系数	0.47	1.39	3.47	0.61	0.47
单位生产总值增长消耗新增建设用地量（公顷/亿元）	9.07	2.48	2.42	5.18	11.14
单位固定资产投资消耗新增建设用地量（公顷/亿元）	0.82	0.4	0.27	0.95	0.99

注：本表数据来源于自然资源部《全国城市区域建设用地节约集约利用评价情况通报》，自然资源部通报第 24 期，2018 年 8 月 23 日。

[1]　资料来源于自然资源部《全国城市区域建设用地节约集约利用评价情况通报》，自然资源部通报第 24 期，2018 年 8 月 23 日。

[2]　杨伟民．北京上海的开发强度超东京伦敦约一倍［N］．中国经济导报，2012-03-31.

综合对比分析，笔者认为有以下几点结论：一是四大直辖市作为整体，其投资在全国占有重要地位，有力支撑了全国经济增长。二是总体上京津沪渝分属不同的经济发展阶段，重庆与全国情况更为相似。三是四大直辖市主要投资指标的一致性和差异性均较为显著。四是北京人均固定资产投资额低于天津和重庆，主要与北京产业结构有关，也说明北京人力资本投资的作用较大，具有较强的人才优势。五是从地均投资看，四大直辖市差别不大，说明土地的容纳能力是有限的。但从地均生产总值看，差异较明显，2017 年重庆地均生产总值仅为上海的 29. 2%，尚未达到“寸土寸金”的水平。同样，单位经济增长消耗的新增建设用地指标差异也较为明显，进一步降低地耗的空间较大。

二、四大直辖市投资结构特征

（一）四大直辖市产业结构与投资结构变动趋势完全吻合，均已进入稳定的“三二一”阶段

1. 四大直辖市产业投资结构的变动先于产业增加值结构的变动，第三产业投资比重高于第三产业增加值比重

2017 年，北京、天津、上海和重庆第三产业投资比重分别为 88. 9%、66. 9%、85. 7% 和 63. 4%；第三产业增加值比重则分别为 80. 6%、58%、69% 和 49. 1%，分别低于投资比重 8. 3、8. 9、16. 7 和 14. 3 个百分点。短期看，四大直辖市产业投资结构比较平稳。长期看，波动明显：从 2002—2017 年的 15 年间，北京、天津、上海和重庆第三产业投资比重最高与最低波动的百分点分别是 6. 8、17. 8、19. 2 和 17. 7 个百分点。

2. 从主要行业投资比重看，四大直辖市差异较明显

2017 年，北京市制造业投资比重在四大直辖市中最低，为 4. 6%，上海、天津、重庆依次升高，分别为 10. 9%、25. 1% 和 30%（详见表 1–4）。

北京市房地产业投资比重在四大直辖市中最高，为53.5%，上海、重庆、天津依次降低，分别为53.3%、25.2%和25%。京津沪渝四大直辖市制造业和房地产业投资比重之比，分别为1∶11.6、1∶0.99、1∶4.89和1∶0.84。

投资比重较高的行业还有交通运输仓储和邮政业，除天津外，其余3个直辖市投资比重均超过10%；水利环境和公共设施管理业投资比重也在10%左右，重庆比重最高，达到18.8%。批发和零售业投资比重，天津最高为6.6%，北京、上海、重庆分别为0.4%、0.3%和1.2%。

表1-4　2017年四大直辖市主要行业投资比重比较表（单位:%）

指标	全国	北京	天津	上海	重庆
合计	100	100	100	100	100
农林牧渔业	4.2	1.2	2.6	–	2.9
采矿业	1.4	–	1.5	–	0.9
制造业	30.2	4.6	25.1	10.9	30
电力热力燃气及水生产和供应业	4.6	5.7	3.1	3.3	2.7
建筑业	0.6	0.1	1.2	–	–
批发和零售业	2.6	0.4	6.6	0.3	1.2
交通运输仓储和邮政业	9.6	13.5	4.8	13.3	11.1
住宿和餐饮业	1.0	0.1	0.7	0.2	0.9
信息传输软件和信息技术服务业	1.1	3.4	1.9	1.7	0.6
金融业	0.2	0.3	0.1	0.2	–
房地产业	22.8	53.5	25	53.3	25.2
租赁和商务服务业	2.1	3.4	6.8	2.0	1.4
科学研究和技术服务业	0.9	0.9	4.1	0.8	0.3
水利环境和公共设施管理业	12.8	9.1	12.3	10.8	18.8
居民服务修理和其他服务业	0.4	–	1.7	–	0.2
教育	1.7	1.5	1	1.3	1.7
卫生和社会工作	1.0	0.8	0.4	0.7	0.8
文化体育和娱乐业	1.4	1.3	0.8	0.8	0.8
公共管理社会保障和社会组织	1.2	0.2	0.4	0.25	0.56

数据来源：《中国统计年鉴2018》。

(二) 四大直辖市基础设施投资比重在 20% ~30%，其中以公共设施和交通运输投资结构为主

北京市 2017 年基础设施投资 2984.2 亿元，占全社会固定资产投资的比重为 33.4%，为近年最高，居四大直辖市之首。与上海市结构一致的是，交通运输投资比重最大为 44.5%；其次是公共服务业（含园林绿化、环境卫生和市政工程管理）投资比重为 23.3%；能源投资（含电力、供热、供气、供水）比重为 16.8%。

天津市 2016 年基础设施投资 2716.1 亿元，负增长 6.3%，占固定资产投资的比重为 18.6%，比上年下降 3.6 个百分点。其中燃气生产和供应、水的生产和供应投资均比上年下降了近一半。2017 年基础设施投资同比下降 17.6%。2018 年 1—10 月，基础设施投资同比下降 25.2%；降幅比 1—9 月收窄 4.4 个百分点。

上海市 2017 年完成城市基础设施建设投资 1705.2 亿元，比上年增长 9.9%，占全社会固定资产投资的比重为 23.5%。在基础设施投资结构中，位居第一的是交通运输投资。2016 年，交通运输投资占比为 57%，其次为市政建设，比重为 22.2%；电力建设投资比重 9.4%。

重庆市 2016 年和 2017 年基础设施投资额分别为 5660.9 亿元和 5659.1 亿元，占全社会固定资产投资的比重为 32.6% 和 32.4%。其中，一半以上的基础设施投资用于公共设施管理业，2016 年和 2017 年分别为 50.1% 和 52.2%，交通运输投资占比分别为 33% 和 32%。

(三) 四大直辖市投资构成结构总体稳定，建筑安装投资仍占主体，京沪两市其他费用投资居高不下

北京的其他费用占比显著高于其他 3 个直辖市，比重过高。2017 年，按照投资构成分，北京建筑安装投资、设备工器具购置和其他费用分别为 3082 亿元、1303 亿元和 3922.3 亿元；占固定资产投资的比重分别为 37.1%、15.7% 和 47.2%。其他费用已超过建筑安装投资，占比接近一半，说明投资构成中，大部分投资没有形成真正的建筑工作量，没有兴工

动料的施工活动，投资的带动作用有所降低。

上海2016年建筑安装工程投资占全社会固定资产投资的比重为57.3%，比北京高出了20个百分点；设备工器具购置的比重为12.2%，其他费用投资由2000年的504.3亿元，上升到2016年的2062.9亿元，占全社会固定资产投资的比重由27%提高到30.5%。

天津的其他费用占比稳定下降。2016年建筑安装投资、设备工器具购置和其他费用占比分别为62.5%、19%和17.8%，其他费用占比较2010年（21.7%）和2015年（18.2%）有所下降。重庆市2017年投资构成结构为，建筑安装工程、设备工器具购置和其他费用的比重分别为76.8%、10.7%和12.5%，建筑安装工程投资占比最高，总体变动不大，说明投资中形成的工程量较大。

（四）四大直辖市投资按照建设性质分，均以新建投资为主，比重高于全国水平

2017年四大直辖市新建投资比重均超过全国71.6%的水平（详见表1-5），其中北京、上海、重庆新建投资比重超过了80%；而改建和技术改造投资比重均不足10%，低于全国14.5%的水平。这既反映出直辖市的新建项目多、储备能力强、增长潜力大，也反映出直辖市外延式为主的投资结构尚未得到根本转变，内涵式增长不足。特别是在制造业领域，应加大扩建、改建和技术改造投资。

表1-5　2017年京津沪渝四大直辖市投资结构按照建设性质分（单位：亿元，%）

	全国		北京		天津		上海		重庆	
	绝对数	相对数	绝对数	相对数	绝对数	相对数	绝对数	相对数	绝对数	相对数
投资额	631684	100	8207.3	100	11274.7	100	7240.9	100	17440.6	100
新建	452483.3	71.6	6638.1	80.9	8415.5	74.6	5974.4	82.5	14770	84.7
扩建	67597.4	10.7	291.1	3.5	515.3	4.6	382.3	5.3	946.4	5.4
改建和技术改造	91873.3	14.5	428.6	5.2	1104.8	9.8	486.2	6.7	1540.9	8.8

数据来源：《中国统计年鉴2018》。

（五）四大直辖市资金来源多元化，结构上仍以自筹资金和其他资金为主

2017 年，京津沪渝四大直辖市全社会固定资产投资实际到位资金中，自筹资金占本年实际到位资金的比重分别为 33%、60.8%、34.6% 和 57.9%；其他资金所占比重分别为 33%、21.7%、30.6% 和 22.2%；两项合计所占比重分别为 66%、82.5%、65.2% 和 80.1%，即 2/3 以上的资金来源于自筹和其他资金。国内贷款的比重，最高是上海，为 24.6%；最低是重庆，为 14%。国家预算资金比重，北京、上海均为 10%；天津最低，为 1.5%。

四大直辖市利用外资的比重均不到 1%。在北京市资金来源中，变化较大的是利用外资。1995 年利用外资的比重为 20%，此后逐年下降。自 2009 年以来，比重均不到 1%。自筹资金、其他资金和国内贷款结构较为稳定，大体维持在 40%、30% 和 20% 左右。

（六）四大直辖市其他投资结构各具特色

从隶属关系分的投资结构看，北京、上海与天津、重庆有所不同。北京、上海的中央项目投资所占比重高于天津、重庆。其中，北京中央项目投资额最高，2017 年为 866.4 亿元，占固定资产投资（不含农户投资，下同）的比重为 10.4%。上海中央项目投资比重近年也多在 10% 左右，其中 2010 年为 14.3%，2017 年为 10.3%。2017 年，天津中央项目投资比重为 5.4%，重庆为 3.8%。

从项目规模分的投资结构看[1]，按照 500 万元 ~ 1 亿元、1 亿 ~ 5 亿元、5 亿 ~ 10 亿元和 10 亿元以上的项目规模分，2017 年，北京 10 亿元以上的项目投资占固定资产投资的比重为 36.3%，居四大直辖市之首，天津最低，为 15.7%；而在 500 万 ~ 1 亿元之间的项目投资比重天津最高（52.9%），北京、上海则分别为 4.2%、6.1%。可见，大项目储备不足，

[1] 原始数据来源于《中国统计年鉴 2018》。

是天津近期投资下滑的原因之一。

三、四大直辖市投资宏观效益特征

（一）衡量投资宏观经济效益的主要指标波动下降并有所分化

1. 四大直辖市综合投资效果系数总体呈波动下降趋势

四大直辖市中，北京、上海的投资效果系数相对较高，总体波动较为平缓。北京 2017 年投资效果系数[1]为 0.26，意味着每百元投资新增的地区生产总值为 26 元。比 2010 年的 0.37 下降了 0.11，但从 2014 年（0.21）以来是持续上升的。上海 2017 年投资效果系数为 0.33，居四大直辖市之首，比 2011 年（0.41）有所下降。

天津的投资效果系数自 2011 年以来逐年下降，2017 年仅为 0.059，与 2005 年的 0.53 相比，下降过多、过快，相当于每百元投资新增的地区生产总值仅为 5.9 元。分析原因，主要与天津投资规模扩张过快有关。2005 年天津投资额 1516.8 亿元，2016 年增加到 14629 亿元，增长 8 倍多。重庆自 2012 年投资效果系数下降至 0.2 以下，2017 年为 0.1，与 2016 年持平。

值得注意的是，随着投资规模的不断扩大，投资效果系数的下降有一定合理成分。需要优化投资结构带动产业结构升级，进而推动经济增长，进一步提高投资效益。

2. 四大直辖市固定资产交付使用率总体波动分化

北京、上海固定资产交付使用率总体下降，天津、重庆有所上升。北京"十一五"时期固定资产交付使用率[2]为 54.2%，"十二五"时期下降到 45.8%，2017 年进一步降为 39.7%，低于全国 60.5% 的水平。上海

[1] 新增国内（地区）生产总值/同期全社会固定资产投资额，含义为一定时期内单位投资所增加的国内（地区）生产总值，计算时暂未考虑时滞因素。

[2] 新增固定资产/同期完成投资额，是衡量建设过程中宏观投资效果的综合指标，见《中国统计年鉴 2018》。

固定资产交付使用率也是逐年下降，2000 年为 79.90%，2010 年下降到 59.80%，2016 年下降到 50% 以下，为 43.80%。

天津固定资产交付使用率近年有小幅上升。2016 年新增固定资产交付使用率为 63.7%，比 2015 年（62.2%）略有上升。重庆“十一五”时期固定资产交付使用率为 50.7%，“十二五”时期上升到 63.6%，2017 年为 68%，比 2016 年提高了 12.6 个百分点。

（二）投资的结构调整效益和外溢的社会效益明显，有力支撑了经济转型升级

一是投资结构变动影响产业结构变动。以重庆第三产业投资和增加值比重为例分析。在四大直辖市中，唯有重庆第三产业增加值占地区生产总值的比重低于 50%。1999 年，重庆三产增加值比重为 40.8%，首次超过 40%，历经近 20 年发展，到 2017 年为 49%，远低于北京、上海的三产比重，恰与重庆三产投资比重也低于北京、上海相吻合。

二是重点产业投资的增长，带动了产业结构优化升级。2017 年，天津市生产总值 18595.38 亿元，按可比价格计算，比 2016 年增长 3.6%。2017 年，天津实体投资 6803.95 亿元，占全市投资的 60.3%。“三新”产业投资 1926.15 亿元，增长 30.5%，占全市投资的比重为 17.1%，比 2016 年提高 4 个百分点。其中，高技术服务业投资增长 66.6%。天津重点产业的投资对经济增长的滞后影响将在 2019 年充分显现。

三是基础设施和公共服务补短板的投资增加，投资的外溢效益日益显著。四大直辖市城市基础设施投资结构均以公共设施和交通运输为主。相关研究表明，交通基础设施不仅对经济增长具有直接效应，也具有空间溢出效益。按照国际标准衡量，四大直辖市未来基础设施投资的空间还很大。如公路密度指标，新加坡公路密度为 488.3 千米/百平方千米[1]（2014 年数据，下同）；日本为 91.5，韩国为 105.5，中国香港、中国澳门

[1] 数据来源于国际统计年鉴。

更高达1418.1。上海市2016年公路密度为209.6千米/百平方千米[1]。

（三）四大直辖市投资宏观经济效益年度波动大，差异明显

1. 以投资弹性系数为例，观察四大直辖市2010—2017年的数据

北京2010—2014年，投资弹性系数[2]大于1，其中2011年最高为1.64，说明经济增长1%，需要投资增长1.64%；2015—2017年投资弹性系数小于1，2015年为0.83，是近年最低值，说明近几年北京经济增长对投资增长的依赖有所降低，即表明宏观投资效益有所提升。

天津投资弹性系数多数年份都大于1，其中2010年最高为1.71。2017年固定资产投资（不含农户）仅增长0.5%[3]，但不能得出结论认为天津经济增长不需要投资支撑。相反，说明投资对经济增长的影响有时滞性，以及经济增长受投资以外的多因素影响。

与天津不同的是，上海投资弹性系数多数年份都小于1，其中2010年仅为0.08，2017年是近年唯一大于1的年份，为1.05。重庆投资弹性系数多数年份都大于1.5，其中2010年最高为1.77。

2. 以房地产投资与经济增长的关系视角观察

据相关研究[4]资料，住宅投资对美国经济增长是一个很重要指标，在美国经济周期中起着重要作用，考察住宅投资更能预测经济增长趋势。

北京和上海近年来房地产开发投资占全社会投资比重（以下简称房地产投资比重）发生了逆转。北京房地产投资比重自2001年超过50%以来，多数年份都占据全社会投资的“半壁江山”。房地产投资比重过大一直是北京投资结构的一大问题。但在2016年，房地产投资比重下降为47.8%，2017年则进一步降为41.9%，为近年最低。这种变化源于房地产开发投资

[1] 数据来源于上海市路政局。

[2] 投资增长/同期GDP增长，GDP增长为可比价，投资增长为当年价。

[3] 数据来源于天津统计公报。按照全社会固定资产投资原始数据计算，2017年天津投资为负增长22.8%。

[4] 林勇明，张芷瑜．美国投资结构长期变动趋势及其启示［R］．国宏高端智库公众号，2018-11-12．

下降，是房地产综合调控的客观结果，不全是投资结构的主动优化调整。

上海房地产投资比重总体则呈稳步上升趋势。2000—2010 年，房地产投资比重基本在 30% 左右，低于北京十几个百分点。其中 2010 年上海房地产投资比重比 2009 年（27.8%）提高近 10 个百分点，达 37.2%。2013 年进一步升高到 49.9%，首次超过北京（49.5%）。自 2014 年开始连续 4 年比重超过 50%，高于北京。

天津、重庆房地产投资比重远远低于京沪，在 15% ~25%。

从房地产投资与经济增长关系的视角观察，现阶段，对于特大城市特别是四大直辖市而言，房地产开发投资对经济增长的拉动作用不容忽视。

四、投资结构和效益变动规律和趋势分析

（一）投资的快速增长离不开稳定的宏观经济环境和城市发展战略转型升级的大背景

1. 四大直辖市投资增长变动与宏观经济形势基本同步

纵观 1979—2017 年，北京全社会固定资产投资增速，其中超高速增长发生在 1993-1994 年，北京分别增长 54.3% 和 58.1%[1]。这与 1992 年小平同志“南方讲话”发表后，全国经济步入快车道相吻合。以至于“八五”时期（1991—1995 年）北京投资增速平均为 34.2%，天津和上海也分别高达 36.8% 和 45.4%。北京的两次负增长分别是 1989 年-14.4% 和 2008 年-3%，与经济治理整顿和全球金融危机的背景一致。

重庆 1997 年设立直辖市后，1998 年投资就开始高歌猛进，增长 34.3%，增速比 1997 年快了 18.7 个百分点。2007 年国务院批准重庆为国家统筹城乡综合配套改革试验区，此后进一步批复重庆为我国重要的中心城市之一，随着重庆城市功能的不断强化，重庆“十一五”时期（2006—2010 年）投资增速达到 28.7%。

[1] 部分存在统计口径调整的原因。

2. **四大直辖市历史上都有投资高速增长时期，也存在投资下滑明显时期**

天津投资大起大落的特征比较显著。从改革开放之后的五年时期看，“八五”是天津历史上投资增长最快的时期，为 36.8%；而与之相邻的“七五”和“九五”时期则分别增长 6.7% 和 10.6%，落差非常大。“十一五”时期天津投资增长 32.7%，“十二五”时期降为 15.5%，2017 年则进一步回落至 0.5%。这种大起大落的原因，除了投资自身的特点外，较为一致的观点是认为天津大项目储备不足。笔者认为，深层原因仍与天津的城市功能定位有模糊之处、地位不高有一定关系。当然，这一观点还需要进一步研究。

（二）政府主导型投资特征显著，内生性投资增长和结构优化的动力机制还需进一步完善

政府主导型投资突出表现在产业政策与投资结构的互动影响关系上。以上海为例，六大重点工业投资集中度较高。2016 年，电子信息产品制造、汽车制造、石化及精细化工、精品钢材制造、成套设备制造及生物医药制造六大重点工业行业固定资产投资 552.6 亿元，占地方工业投资的比重为 66.7%，占全社会投资的比重为 8.2%。

其中，计算机通讯和其他电子设备制造业 168.2 亿元，占制造业投资的比重为 22.1%。信息产业增加值占上海生产总值的比重为 10.6%。值得注意的是，在信息产业增加值中，信息产品制造所占的比重在下降。2000 年，上海信息产品制造所占的比重为 57.9%，2016 年下降为 27.3%，下降了一多半；而信息服务的比重大幅上升，由 2000 年的 38.4% 大幅提高为 2016 年的 67.1%，提高了近一半。信息产品销售的比重变化不大，仍在 3% ~5%。以市场为导向的产业投资增长机制有待完善。未来，随着民间投资比重的升高，投资的集中决策向分散决策转变，投资的内生性增长将更加稳定。

（三）四大直辖市投资率总体上随城镇化率的升高而有所降低

经济学理论和国际经验都肯定，城市化对经济增长具有极为重要的意

义，因为制造业和服务业生产在城市进行更有效率[1]。按照城镇化发展的基本规律和相关经验，在城镇化快速发展阶段，往往投资规模扩大、投资率较高；在城镇化进入稳定发展阶段，投资率会相对下降并保持在相对稳定水平。上海的城镇化率在四大直辖市中最高，投资率则最低；重庆正好相反（详见表 1-6）。2017 年，上海城镇化率比 2016 年下降了 0.2 个百分点，投资率下降了 0.3 个百分点。北京、天津的城镇化率与 2016 年保持一致，分别为 86.5% 和 82.9%，投资率则均有下降，特别是天津下降了 21 个百分点，波动很大。重庆的城镇化率则比 2016 年上升了 1.5 个百分点，为 64.1%，投资率比 2016 年下降了 8.5 个百分点。从四大直辖市投资率和城镇化率的比值看，分别为 2.7、1.4、3.7 和 0.72，差异较大，说明投资规模与城镇化率高低的关系尚待观察。

另外，四大直辖市分别为我国京津冀、长三角和成渝城市群的中心城市。与世界公认的发达国家城市群相比，四大直辖市的综合经济实力还相距甚远。根据世界银行数据，2017 年世界人均 GDP 为 10715 美元，其中美国 59532 美元、英国 39720 美元、德国 44470 美元、法国 38477 美元、日本 38428 美元；2017 年京津沪渝四大直辖市人均生产总值均不足 2 万美元，约相当于发达国家水平的 1/4 ~ 1/2 之间。进一步发挥投资的关键作用，优化投资结构、提高投资效益，促进综合经济实力的提升，促进城市群和区域经济协调发展，仍是直辖市迫在眉睫的重要任务。

表 1-6　四大直辖市投资率与城镇化率指标比较表　（单位：%）

年份	北京		天津		上海		重庆	
	投资率	城镇化率	投资率	城镇化率	投资率	城镇化率	投资率	城镇化率
2010	38	85.96	69.6	79.55	30.5	89.3	86.9	53.0
2015	33.7	86.5	77.6	82.64	24.8	87.6	97.5	60.9
2016	33	86.5	81.8	82.93	24	87.9	97.9	62.6
2017	31.9	86.5	60.8	82.93	23.7	87.7	89.4	64.1

[1] 林重庚，迈克尔·斯宾赛．中国经济：中长期发展和转型［M］．北京：中信出版社，2011.

（四）投资规模、结构、效益三者的关系更为紧密，不计成本的投资决策不可取

随着经济发展，投资的宏观经济效益会更多地外溢到间接社会效益等多方面，投资的乘数效应、派生需求也会越明显。四大直辖市的投资集中度仍不可忽视。更加注重投资的综合效益成为投资决策的选择。

存量结构调整将成为提高投资宏观效益的主要手段。随着我国营商环境的整体改善，投资便利化改革的深入，"三新"经济（新产业、新业态、新商业模式）获得高速增长。在向高质量发展阶段转型中，需要加快建立效益不好的存量资源的退出机制，从投资决策、建设、运行、管理、后评价等全过程提高投资效益，整体提高土地等各种资源的产出效益。

一个城市投资结构最终取决于城市自身的功能定位、政策取向、经济基础、资源优势等，在不同的经济发展阶段，投资结构的差异是自然的也是合理的，但是投资结构优化的趋势是一致的，投资效益的提高则是共同取向。比如，目前四大直辖市第三产业投资比重和增加值的比重差异还较大，但是比重的高低并不是问题，一、二、三产业结构变动率的规律是一致的。发挥好投资结构和效益对经济增长的支撑带动作用才是关键。

五、2019 年及未来 5 年四大直辖市投资形势展望

（一）世界经济总体回升并进入新增长周期的趋势有所明朗，但回升基础有待稳固，不确定性依然存在

当今世界正处于大发展大变革大调整时期，国际形势波诡云谲，乱象多，变数大，地缘政治影响加深，国际贸易争端不断，经济分化趋势明显，形势极其复杂和严峻。但是，和平与发展仍然是时代主题。根据世界银行的数据观察，从世界经济增长曲线看，经济回升的态势更加明朗，发达经济体、新兴经济体和发展中国家的差异仍较大，经济回升的基础有待稳固。2016 年世界经济增长 2.4%，高收入国家增长 1.7%、中等收入国

家增长 3.9%、中低收入国家增长 3.5%、低收入国家增长 4.1%[1]。2017 年，美国、日本、英国、德国、法国、意大利和加拿大等西方 7 国经济分别增长 2.3%、1.7%、1.8%、2.2%、1.8%、1.5% 和 3%，除英国与 2016 年经济增长持平外，其余 6 国经济增长均高于 2016 年，其中日本高于 2016 年 1.5 个百分点。2018 年以来，美国的失业率持续下降，10 月为 3.7%，维持在 1969 年以来的最低水平[2]。俄罗斯经济由于受到西方制裁，2015 年和 2016 年均为负增长，2017 年也转为增长 1.5%。2017 年，印度经济增长 6.6%。中国经济增速回升至 6.9%，继续位居世界前列，对世界经济增长的贡献率为 34% 左右[3]。

（二）国内经济下行压力仍然偏大，但基本面保持稳定

中国经济正由高速增长阶段转向高质量发展阶段，处于转变发展方式、优化经济结构、转换增长动力的攻关期。金融领域风险加大，实体经济发展面临诸多困难，区域经济发展分化态势明显，社会和城市治理水平还不高。近两年，个别经济指标增速有所放缓，甚至出现负增长，经济下行压力加大，风险有所累积。2015 年，全国全社会固定资产投资增长 9.8%，结束了 2001 年以来两位数增长的历史。2017 年投资增长进一步回落至 7%，2018 年，全社会投资增速出现了逐月回落的态势。1—10 月，完成投资（不含农户）同比增长 5.7%，增速比前三季度提高 0.3 个百分点，继 9 月份增速企稳后继续回升。1—10 月，基础设施投资同比增长 3.7%，比前三季度回升 0.4 个百分点，是年内首次回升[4]。从其他主要指标变动看，经济总体平稳、稳中有进，仍处于经济合理运行区间。中美贸易争端对中国经济的直接影响目前看不大。但中美贸易争端存有变数，具有长期性、严峻性和复杂性特点，其长期影响和间接影响还有待动态观察。

---

[1] 数据来源于国际统计年鉴 2017。

[2] 数据来源于国宏高端智库公众号中《美国经济 2018 年形势及 2019 年展望》一文，作者金瑞庭。

[3] 数据来源于人民网。

[4] 数据来源于国家统计局网站。

（三）四大直辖市发展的新机遇

2019年，是新中国成立70周年，中国经济能否触底反弹意义重大。要充分认识“稳中有进”是工作总基调的论断。四大直辖市特别是北京、上海率先触底反弹的可能性较大，将对全国起到引领和示范作用，这是历史赋予直辖市的责任。“十四五”时期是中国迈向第二个“百年目标”的起步期，也是四大直辖市在新的起点上早日实现新旧动能转换、迈向高质量发展阶段、强化城市功能定位的重要转型期，进一步发挥好投资关键作用的任务十分艰巨，稳投资成为不二选择。

笔者认为，应进一步观察和关注高质量发展与经济增速的关系。经济学专门探讨过要避免没有发展的增长问题。从理论上看，质量与速度有四种组合关系，即低质低速、低质高速、高质低速和高质高速。国际经验表明，发达国家在经济发展达到一定阶段后，经济增速会慢慢下降到比较低的水平，赶超型国家在达到中等收入水平后经济增速往往也会降低，转而更加关注经济发展质量而不是经济增速。我国目前正处于高速增长向高质量发展的攻关期，是不是意味着高质低速已成必然？有没有可能在建设中国特色社会主义现代化强国的实践中实现高质高速？这将是四大直辖市发展的新机遇，在强化城市功能的基础上，力争成为全国经济增长的新引擎。

北京是首都，是全国政治中心、文化中心、国际交往中心和科技创新中心。天津是中国北方经济中心、中国北方国际航运中心、中国北方国际物流中心、国际港口城市和生态城市。上海是国家历史文化名城，国际经济、金融、贸易、航运和科技创新中心，也是长三角世界级城市群的中心城市，未来将建成卓越的全球城市和社会主义现代化国际大都市[1]。重庆的城市定位是西部开发开放战略支撑和长江经济带西部中心枢纽载体，长江上游地区经济中心、金融中心、商贸物流中心、科技创新中心、航运中心，国家重要现代制造业基地等，是构建相对均衡的全国城镇体系的重要支撑，也是我国经济增长的新引擎。

[1] 上海市城市总体规划（2017—2035年）。

（四）预计未来四大直辖市投资仍将稳定增长，结构进一步优化，效益缓慢回升

1. 预计2019年，四大直辖市投资增长有望稳定在5%～8%之间

按照因素测算法、经验判断法、经济增长倒推法等初步估算，2019年四大直辖市投资可以保持稳定增长，在5%～8%之间。

从长周期看，“六五”至“十二五”时期，北京平均投资增速“八五”时期达到最高为34.2%，“九五”时期达最低为8.9%，“十二五”时期平均增速9.9%，2014年以来均在8%以下。初步预计北京“十三五”时期投资平均增速6%～8%。2019年，稳投资的任务十分艰巨。天津2017年投资下滑非常明显，2018年9月开始已出现降幅收窄的现象。按照以往的规律，2019年投资回升的可能较大。按照上海投资弹性系数测算，预计2019年投资增长6.5%。重庆1997—2016年，投资平均增长23.2%，2017年增长9.5%。由于在建规律较大，预计2019年仍将保持稳定增长。

从城市发展阶段看，我国基础设施人均资本存量只有发达国家的20%～30%[1]，四大直辖市不仅基础设施增量投资增长有空间，随着存量基础设施的扩大，维护以及更新改造的力度也将进一步加大。

2. 优化投资结构进而改善供给结构仍是发挥投资关键作用的重要抓手

按照国家高质量发展的要求，四大直辖市投资结构的优化是重中之重，构建与城市功能、产业结构、消费结构升级相适应的投资结构是重中之重。四大直辖市必须积极主动融入具有全球竞争力的现代产业体系建设中，以供给侧结构性改革为主线，重塑和完善供给体系。目前，我国80%左右的关键技术、多数高端装备以及核心零部件和元器件都依赖进口。我国工业增加值率已由2006年最高值29.7%持续下降到2016年的21.5%，而美德日等发达国家均长期高于40%。我国亟须加快科技创新，着力构建“高精尖”经济结构，加大制造业投资、向工业更新改造投资倾斜，走内

[1] 2018年5月15日，国家统计局新闻发言。

涵式发展之路。

3. 随着投资的内生性增长动力增强，投资的综合经济效益有所提高

营商环境的整体改善、投资便利化等改革措施为投资的内生增长提供了条件。竞争中性原则，将进一步引导民间投资继续向盈利空间大的领域聚焦，市场配置资源的内生动力增强。短期看，年度投资效益指标仍会波动；长期看，随着“三新”经济的不断壮大，以高质量为核心的现代化经济体系的建立，以消费需求为导向的供给能力和质量的提升，潜在经济增长率也会有所提高，投资的宏观经济效益指标会有所回升，投资的外溢效益会更加明显。四大直辖市投资效益的提高是推动高质量发展、可持续发展的必由之路。

（执笔人：刘秀如）

第二章　文献综述

一、投资和固定资产投资的概念

（一）投资的概念

投资是一个较为宽泛的概念，在宏观经济学、微观经济学、金融学等领域均有出现，不同的领域含义差别很大。在微观经济领域，投资通常是和生产经营活动联系在一起的。在宏观经济领域，投资则通常与消费、储蓄等概念相对应。而在金融领域，投资通常偏重于通过买卖证券等金融资产而获益的行为。

在经济学理论研究中，关于投资的表述不一，但大都围绕的资本的形成进行阐述。如约翰·伊特韦尔（John Eatwell）等编写的《新帕尔格雷夫经济学大辞典》对“投资”的定义比较宽泛：投资就是资本形成——获得或创造用于生产的资源[1]。这里的“资本”不但包括有形资本，还包括无形资本和人力资本的，原则上还应包括土地改良和自然资源开发。萨缪尔森在《经济学》一书中也提出：投资总是意味着实际资本形成[2]。他对“资本”的表述是：资本或资本品包括那些生产出来的耐用品，它们在进一步的生产中被作为生产性投入[3]。他还提出，在宏观经济学中投资起两个作用，一是经由总需求影响短期产出水平，二是导致资本积累，从

[1] 刘正山．新编固定资产投资学［M］．大连：东北财经大学出版社，2005：11.

[2] 保罗·萨缪尔森，威廉·诺德豪斯．经济学［M］．12 版．北京：中国发展出版社，1992：182.

[3] 保罗·萨缪尔森，威廉·诺德豪斯．经济学［M］．18 版．北京：人民邮电出版社，2008：232.

而促进长期经济增长。

（二）固定资产的概念

刘正山提出，固定资产的一般含义是：企业、机关、事业单位或其他经济组织中，可供长期使用、并在其使用过程中保持原有物质形态的劳动资料和消费资料，如建筑物、构筑物、机器设备、运输工具等[1]。

从会计、统计、税收等角度，固定资产也都有各自的具体界定，且会随着时间的推移而变化，但基本上是在理论上的定义基础上，结合实际操作需求，给出更为细致准确的操作标准。

财政部 2006 年发布的《企业会计准则第 4 号——固定资产》中提出：固定资产，是指同时具有下列特征的有形资产：（一）为生产商品、提供劳务、出租或经营管理而持有的；（二）使用寿命超过一个会计年度[2]。

企业所得税法中对固定资产的定义是：使用时间超过 12 个月的非货币性资产，包括房屋、建筑物、机器、机械、运输工具以及其他与生产经营活动有关的设备、器具、工具等[3]。

国家统计局的指标解释中，涉及固定资产的有两处。一是在“固定资本形成总额”的指标解释中提道：固定资本形成总额指常住单位在一定时期内获得的固定资产减处置的固定资产的价值总额。固定资产通过生产活动生产出来的，且其使用年限在一年以上、单位价值在规定标准以上的资产，不包括自然资产[4]。二是在“固定资产投资”部分。这部分的指标解释中，没有给出“固定资产”的定义，只是给出了“新增固定资产”的定义：新增固定资产是指已经完成建造和购置过程，并已交付生产或使用单位的固定资产的价值，包括已经建成投入生产或交付使用的工程投资和

---

[1] 刘正山．新编固定资产投资学［M］．大连：东北财经大学出版社，2005：2.

[2] 财政部．企业会计准则第 4 号——固定资产［OL］［2018-09-04］．http：//kjs. mof. gov. cn/zhuantilanmu/kuaijizhuanzeshishi/200806/t20080618_ 46213. html.

[3] 中华人民共和国企业所得税法实施条例（国务院令〔2007〕第 512 号）。

[4] 国家统计局网站．指标解释［OL］［2013-10-29］．http：//www. stats. gov. cn/tjsj/zbjs/201310/t20131029_ 449553. html.

达到固定资产标准的设备、工具、器具的投资及有关应摊入的费用[1]。

（三）固定资产投资的概念

刘正山提出："固定资产投资是指将大量资金用于建造房屋、构筑物、购置和安装设备以及其他有关活动。固定资产投资是投机新的固定资产或更新改造原有固定资产的投资。"[2] 其特点是：资金占用多，回收时间长；投资过程的管理比较复杂；投资形成的产品一般具有固定性；产品具有单件性；变现能力差，风险相当大。

梁前德从统计的角度对固定资产投资的定义是：固定资产投资是以货币形式表现的、企业在一定时期内建造和购置固定资产的工作量以及与此有关的费用变化情况，包括企业用于基本建设、更新改造、大修理和其他固定资产投资等[3]。

国家统计局对全社会固定资产投资（以下简称固定资产投资）的指标解释是：以货币形式表现的在一定时期内全社会建造和购置固定资产的工作量以及与此有关的费用的总称。该指标是反映固定资产投资规模、结构和发展速度的综合性指标，又是观察工程进度和考核投资效果的重要依据[4]。全社会固定资产投资的统计范围包括城镇和农村各种登记注册类型的企业、事业、行政单位及城镇个体户进行的计划总投资500万元及500万元以上的建设项目投资和房地产开发投资[5]。按建设项目的性质划分，固定资产投资一般可分为新建、扩建、改建和技术改造、单纯建造生活设施、迁建、恢复、单纯购置。按构成划分，固定资产投资一般分为建筑工程投资、安装工程投资，设备工具器具购置和其他费用四类，其中建筑工程和安装工程也经常合并为建安工程投资。根据固定资产投资的资金来源不同，分为国家预算资金、国内贷款、利用外资、自筹资金和其他资金。

---

[1] 国家统计局网站．指标解释 [OL] [2013-10-29]. http://www.stats.gov.cn/tjsj/zbjs/201310/t20131029_449553.html.

[2] 刘正山．新编固定资产投资学 [M]. 大连：东北财经大学出版社，2005：19.

[3] 梁前德．基础统计 [M]. 北京：高等教育出版社，2011.

[4] 国家统计局．指标解释——固定资产投资 [OL] [2013-10-29]. http://www.stats.gov.cn/tjsj/zbjs/201310/t20131029_449538.html.

[5] 该口径自2011年起开始使用。

（四）固定资产投资和资本形成总额的统计差别

我国的国民经济核算体系中，和固定资产相关的统计指标除了全社会固定资产投资外，还有资本形成总额。

根据国家统计局的指标解释，资本形成总额指常住单位在一定时期内获得减去处置的固定资产和存货的净额，包括固定资本形成总额和存货变动两部分。固定资本形成总额指常住单位在一定时期内获得的固定资产减处置的固定资产的价值总额。可分为有形固定资本形成总额和无形固定资本形成总额。存货变动指常住单位在一定时期内存货实物量变动的市场价值，即期末价值减期初价值的差额，再扣除当期由于价格变动而产生的持有收益[1]。

全社会固定资产投资是一个“完成”的概念，而资本形成总额是一个“形成”的概念。现行统计方法中，全社会固定资产投资直接取自企业实际完成的数据，而固定资本形成总额为加工核算后得到。在统计范围上，两者属于“相交”关系：全社会固定资产投资包含土地购置费、工程建设其他费等各类费用支出，固定资本形成总额核算时需扣除这部分费用投资；固定资本形成总额包含固定资产增值（如土地、房屋）和无形固定资本形成总额（主要是矿藏勘探、计算机软件等获得减处置的价值），全社会固定资产投资不包含这部分内容。

这两个区别反映到实际经济活动统计中，一是投资构成中占比较高的各类费用支出（以土地购置费为主）不会纳入核算中的固定资本形成总额，只有建筑、安装、设备购置等固定资产投资才能通过一定的核算公式计算后，转化为固定资本形成总额；二是投资转化为资本存在一定的时间滞后。因此，一国（地区）某一阶段的全社会固定资产投资与固定资本形成总额及资本形成总额通常有较大差异，这取决于投资转化为资本的能力。也就是说，资本形成总额本身就是 GDP 的一部分，按照支出法核算，

[1] 国家统计局．指标解释——国民经济核算［OL］［2013-10-29］．http：//www.stats.gov.cn/tjsj/zbjs/201310/t20131029_ 449553.html.

投资与消费、进出口共同构成“三驾马车”。而全社会固定资产投资本身不是 GDP 中的一部分，需要经过“加工”转化。

本书的研究对象为全社会固定资产投资。如无特殊说明，除文献综述部分为，各分报告中的“投资”“固定资产投资”均是指国家统计局的“全社会固定资产投资”，相关的投资效果系数、投资贡献率等指标，均引用全社会固定资产投资数据进行计算。

二、投资对经济影响的相关理论

（一）古典经济增长理论

古典理论鼻祖亚当·斯密和大卫·李嘉图均强调资本积累对推动经济增长的重要贡献，认为投资和积累过程是经济增长的核心。亚当·斯密提出，资本积累是劳动分工的基础，是经济增长的源泉。财富的增加由生产性劳动、劳动生产率的提高和资本积累三个因素共同决定。若增加生产性劳动者的数量，必先增加资本积累，增加劳动的设备或进行改良以提高劳动生产率，也需要先增加资本积累。大卫·李嘉图认为投资来源于储蓄，经济增长需要通过资本家扩大资本积累，即将储蓄自动转化为投资来实现，技术进步也是投资引起的。一旦资本积累停止，即投资不再增加，经济增长也将停滞。

（二）政治经济学理论

马克思主义政治经济学对资本的运作进行了深刻分析。政治经济学中，根据在剩余价值生产中所起的作用，将资本分成可变资本和不变资本，剩余价值不是全部资本产生的，而是由可变资本产生，并在此基础上提出了资本有机构成的概念。马克思同时提出，生产的资本投入不断增长和资本的使用效率不断提升是扩大再生产的两个途径。

（三）凯恩斯投资乘数理论

凯恩斯在《就业、利息和货币通论》中提出著名的投资乘数理论，阐述了投资对经济增长的关键作用。他认为，投资是经济增长的重要推动因素。产出的增长与投资变动之间存在乘数效应，即国民收入的增长是一定时期投资增加额的数倍，反之，投资额下降，则国民收入将以投资减少的若干倍缩减。国民收入增加反过来也会带来引致投资，从而产生加速效应。进而提出政府投资不仅可弥补私人投资的不足，而且还可通过乘数作用带动私人消费和投资，促进国民收入增长。

（四）哈罗德-多马模型

在凯恩斯理论的基础上，英国经济学家哈罗德提出经济中投资对经济增长的影响程度取决于资本—产出比率。美国经济学家多马强调了投资的二重性，即需求方面，投资通过乘数过程决定国民收入的实际水平，供给方面，投资通过增加资本存量的规模而提高了国民经济潜在的生产能力。二人理论结合构成“哈罗德-多马模型”。该模型进一步强调了动态分析，投资增长决定于收入增长率的“引致”作用，而非收入水平的绝对变化。

（五）索洛-斯旺模型

此后索洛和斯旺在哈罗德-多马模型的基础上，建立了新古典经济增长核算模型（索洛-斯旺模型）。该模型中提出了“黄金储蓄率”的概念，即经济增长中的过度的资本积累是无效的。短期内，产出的增长率可能因储蓄率的提高而上升，但长期内产出增长率取决于劳动增长率，并向一个平衡增长路径收敛，过度储蓄可能产生负影响。

（六）柯布-道格拉斯函数

生产函数从微观层面描述了技术水平不变的情况下，各种生产要素投入量与产量之间的关系。生产要素包括劳动、土地、资本和企业家才能等。柯布-道格拉斯函数是使用最广泛的生产函数，在该模型中，决定产出水平（当时的研究仅针对工业）的是投入的劳动力数、固定资产和综合技术水平。劳动力产出的弹性系数（α）与资本产出的弹性系数（β）相加大于1，表明技术水平不变前提下通过扩大生产规模来增加产出是有利的，反之是得不偿失的。

三、投资规律的研究

（一）投资比重变化规律

范桂汕提出，在传统社会阶段，固定资产投资率（指固定资产投资占GDP的比重）处于比较低（通常<10%）的水平，并且这一比例比较稳定；在起飞前准备阶段，固定资产投资率上升到相当高的水平（35%左右），这个阶段持续的时间在15～20年；在经济起飞阶段，固定资产投资率始终保持着相当高的水平（35%左右），持续的时间在30年左右；在向成熟阶段推进或持续增长阶段，固定资产投资率会下降到20%左右，大约持续15年；在高额群众消费阶段，固定资产投资率会保持在一定的水平（20%左右），而且随着科技的发展会上下波动[1]。

（二）投资总量与投资结构相对运动规律

该规律是根据政治经济学中的社会再生产理论提出的。投资总量与投资结构相互影响。第Ⅰ部类（生产资料投资）投资比重高，会导致投资规模持续膨胀；反之，第Ⅱ部类（生活资料投资）投资比例高则导致投资总量收缩。长期看，投资总量长期膨胀也会导致经济结构和投资结构重型化。这一理论为通过调整投资结构来控制投资规模扩张，进而促进疏解提供了理论基础[2]。

---

[1] 范桂汕．经济增长的阶段与固定资产投资规律研究［D］．北京：中共中央党校，2008.
[2] 木森，周晓玲．投资总量与投资结构相对运动规律初探［J］．投资研究，1990（3）：8-14.

（三）外延性与内涵性投资比重的演变规律

蔡柏良提出，再生产过程的投资可分为内涵性投资和外延性投资两种，其演变规律大体是：内涵性投资呈波动式上升，外延性投资呈波动式下降。随着工业化程度的提高，资产存量规模逐渐扩大，重置投资的需求逐渐增加，客观上要求提高内涵性投资的比重。新科学技术引起产业革命时，外延投资在一定时期又会上升[1]。

（四）产业（投资）结构演变规律

投资与产业发展直接相关，产业结构的演变规律实际上也是投资结构的演变规律。国内外学者对产业结构的变动规律进行了大量研究，形成了诸多被广泛认可的理论。

英国经济学家配第（William Petty）提出，随着人均国民收入的提高，就业人口首先由第一产业向第二产业转移，进而向第三产业转移，后克拉克（Colin Clark）对此进行了验证和丰富，这一理论被称为“配第-克拉克定理”。

美国经济学家霍利斯·钱纳里（Hollis B. Chenery）提出了著名的“工业化阶段论”，将经济发展初级产品生产阶段、工业化阶段和发达经济阶段，其中工业化阶段又分为工业化前期、工业化中期和工业化后期阶段。在这个发展过程中，工业的比重呈现出先上升后下降的过程。

德国经济学家霍夫曼依据工业内部结构的变化，提出了“霍夫曼比例”，即消费品工业净产值与资本品工业净产值的比例（实际应用中常用重工业与轻工业产值之比代替），并据此把工业化分为轻纺化、过渡、重工业化前期、重工业化后期四个阶段。随着工业化水平的提高，“霍夫曼比例”逐渐下降，即消费品工业的在整个工业中的比重下降。

近年来，基于工业在发达地区产业构成中的地位不断降低，非实体经济持续扩张，金融风险日益加大，部分国家和研究者又提出了“再工业

[1] 蔡柏良．对投资结构演变规律的探讨［J］．商业研究，2000（3）：3-5.

化”的概念，可谓是传统产业结构理论的新发展。“再工业化”并不是简单的“产业结构倒退”，以第二产业重新代替第三产业，而是以科技进步为依托，对传统制造业的发展提升，是第二、第三产业在新高度上的融合发展。

（五）产业（投资）布局演变规律

投资布局与产业布局两者密切相关，后者是存量，前者是增量，可影响趋势。因此，产业布局理论中提到的规律也普遍适用于投资。

极化理论认为，市场机制下的经济发展会导致区域差别的强化。在绝大部分时间里，聚集效应与扩散效应是并存的，部分研究者认为，当经济发展到一定阶段，由于规模效益消失、土地价格上升等原因，扩散效应将占据优势，导致区域间趋于均衡。但也有部分研究者认为均衡不会自动实现，政府可以通过区域政策推进均衡。增长极理论是极化理论发展出的重要分支，认为聚集多种优势的增长极是区域发展的发动机，并具有创新优势，经济增长不是无条件地在空间上扩散，而是按照城市等级逐级扩散。

相似的还有“中心－外围”理论、倒 U 模型等。弗里德曼（J. R. P. Friedmann）提出的中心–外围模型认为，区域的发展通常起源于少数的“变革中心”，周边地区依附于创新的扩散而发展。中心除了创新活跃外，还具有使外围服从和依附的权威和权力。在工业化阶段，中心区进入极化过程，到工业化成熟阶段，中心区要素已经高度集中，开始向外围扩散，外围可形成较小的中心；到空间经济一体化阶段，资源要素实现全方位流动，多核心形成。

威廉姆逊（J. G. Williamson）通过比较多个国家的发展史，提出倒 U 模型，即在经济发展早期，区域差异扩大，进而区域稳定，并最终缩小，形成倒 U 型曲线。因此，早期应将公共投资适度集中于条件较佳的区域，等到发展成熟之后鼓励区域间的互动，并将公共投资转向落后区域。

四、我国关于投资的实证研究概述

国内关于固定资产投资的实证研究成果较多，涉及在全国或某一区域固定资产投资与经济增长的关系、固定资产投资效果评价、固定资产投资地区差异等。

（一）固定资产投资与经济的关系研究

耿修林（2010）在《固定资产投资对产业结构变动的影响分析》一文中对 1980 年以来我国产业结构的变化以及与固定资产投资活动的关系进行了测算分析，结论认为固定资产投资促进了就业由第一、第二产业向第三产业转移，其中对第一产业向第三产业的转移弹性大于第二产业向第三产业的转移弹性。余宇新、谢鸿飞（2012）在《基于 STR 模型的中国宏观经济周期拐点的识别与预测》中，应用平滑转换模型（STR），研究发现固定资产投资对 GDP 的拉动效应具有较为缓慢的调整特征和滞后效应，机制转换发生在固定资产投资的滞后 2 期。李祥发、冯宗宪（2014）应用 TVSTAR 方法实证研究了房地产周期、固定资产投资周期与经济周期的关联性，以及货币供给量 M0，M1 和利率的调整对联动的影响。

（二）关于投资效果的研究

赵克杰、刘传哲（2007）在《我国固定资产投资的投入产出分析》中，利用投入产出模型分析了我国产业投资的经济效果，提出各产业的技术变动和产业投资结构的演变总体上导致投资诱发系数的下降，导致投资经济效果的降低。苏治等（2013）在《“结构性”减速下的中国投资结构优化：基于四万亿投资效果的分析》中，借助拉姆塞-卡斯-库普曼和投入产出模型，基于七种不同的情景假设模拟分析了不同投资结构下投资对经济的拉动效应，结论表明四万亿投资的正向影响值得肯定。单克强、朱嘉春（2013）在《对我国固定资产投资效果评价及政策建议——从资金来源面板数据分析》中，运用全国 30 个省区 2003—2010 年度面板数据，实证分析不同投资来源对产出的影响，结论显示财政投资边际效果比较差，自筹资金的投资弹性较大，边际效果较好。中国财政科学研究院宏观经济研究中心课题组（2017）在《政府投资效果评价研究——对国家预算内固定资产投资的宏观效应分析》中，实证分析了政府投资的宏观效应，包括对经济增长、消费、民间投资、城镇化发展的拉动作用，提出政府投资对经济增长、消费、城镇化起到一定的积极作用，从长期看，政府投资与民间投资是互补的关系，保持适当的政府投资规模有利于体现积极财政政策效应。

（三）区域固定资产投资比较研究

陆迁等（2006）在《社会固定资产投资地区差距的结构分解》中研究了我国社会固定资产投资的地区差异，实证分析结果显示我国存在较大的地区投资差距，但这种差距有进一步缩小的趋势，提出民间资本投资的差异是导致区域投资差距的主要原因。张慧超（2008）在《固定资产投资对区域经济发展的影响研究》中，以西部地区为例，分析了投资对经济的和就业的影响。李鑫（2009）在《我国固定资产投资和经济增长关系的地区差异分析》中，比较了东、中、西部地区的投资效益。聂强（2010）在《中国四个直辖市投资环境竞争力比较研究》中运用因子分析法，通过建立指标体系，对四个直辖市的投资环境进行了比较研究，结论认为四个直辖市中上海的投资环境竞争力最强，重庆最弱，北京和天津居中。马飞（2011）在《我国区域投资效应评价研究——以沿海七省为例》中，运用涵盖经济、社会、生态的21个指标比较了投资效应。牛玲、张玲（2016）对京津冀的社会固定资产投资及相关的行业数据进行分析，结果显示河北省跟北京、天津的经济发展差距大的主要原因是，河北省的产业固定资产投资于第一产业和第二产业的比重偏大，投资于第三产业的比重偏小。

（执笔人：滕秋洁）

参考文献：

［1］保罗·萨缪尔森，威廉·诺德豪斯．经济学［M］．12版．北京：中国发展出版社，1992.

［2］保罗·萨缪尔森，威廉·诺德豪斯．经济学［M］．18版．北京：人民邮电出版社，2008.

［3］蔡柏良．对投资结构演变规律的探讨［J］．商业研究，2000（3）：3-5.

［4］单克强，朱嘉春．对我国固定资产投资效果评价及政策建议——从资金来源面板数据分析［J］．中国证券期货，2013（1）：48-49.

［5］范桂汕．经济增长的阶段与固定资产投资规律研究［D］．北京：中共中央党校，2008.

［6］耿修林．固定资产投资对产业结构变动的影响分析［J］．数理统计与管理，2010，29（6）：1104-1114.

［7］郎荣燊，黎谷．投资学［M］．北京：中国人民大学出版社，1996.

［8］李祥发，冯宗宪．房地产周期、固定资产投资周期与经济周期的关联性——基于货币政策视角下的分析［J］．经济理论与经济管理，2014（4）：34-44.

［9］李鑫．我国固定资产投资和经济增长关系的地区差异分析［D］．长春：吉林大学，2009.

［10］梁前德．基础统计［M］．北京：高等教育出版社，2011.

［11］刘正山．新编固定资产投资学［M］．大连：东北财经大学出版社，2005.

［12］陆迁，刘志峰，朱捷．社会固定资产投资地区差距的结构分解［J］．软科学，2006，20（1）：24-26.

［13］马飞．我国区域投资效应评价研究——以沿海七省为例［D］．秦皇岛：燕山大学，2012.

［14］木森，周晓玲．投资总量与投资结构相对运动规律初探［J］．投资研究，1990（3）：8-14.

［15］聂强．中国四个直辖市投资环境竞争力比较研究［J］．开发研究，2010（6）：88-90.

［16］牛玲，张玲．京、津、冀协同背景下河北省产业结构调整分析——基于京、津、冀三地区的社会固定资产投资行业数据分析［J］．现代商贸工业，2016（2）：10-11.

［17］苏治，李媛，徐淑丹．“结构性”减速下的中国投资结构优化：基于四万亿投资效果的分析［J］．财政研究，2013（1）：43-47.

[18] 余宇新，谢鸿飞．基于 STR 模型的中国宏观经济周期拐点的识别与预测 [J]．经济理论与经济管理，2012（6）：15-22.

[19] 张慧超．固定资产投资对区域经济发展的影响研究——以我国西部地区为例 [D]．昆明：云南财经大学，2008.

[20] 赵克杰，刘传哲．我国固定资产投资的投入产出分析 [J]．特区经济，2007（4）：273-274.

[21] 中国财政科学研究院宏观经济研究中心课题组．政府投资效果评价研究——对国家预算内固定资产投资的宏观效应分析 [J]．财政科学，2017（9）：93-111.

专题篇

ZHUANTI PIAN

第三章　四大直辖市产业投资结构及效益对比研究

一、问题、概念及研究意义

高投资率是我国各省市各地区经济共有的显著特点。虽然近年来对于我国经济增长过度依赖投资推动的忧虑越来越多，但是长期以来，我国各级政府都希望通过调整投资结构实施产业结构调整战略。而且从世界各国的经验来看，从20世纪70年代以来，发达国家也越来越重视第三产业的投资。那么，不同的产业投资结构产生了什么样的效益差异？北京、上海、天津、重庆四大直辖市所处的经济发展阶段不同，不同的产业投资结构的投资效益的差异如何，原因是什么？四大直辖市在产业投资结构方面存在的共有问题是什么？因此，本研究侧重从投资的产业结构视角（而非固定资产投资总体）关注投资效益，并对四大直辖市进行比较研究。

产业投资结构，是指社会投资在国民经济各产业部门之间分配后形成的数量比例关系。在市场经济条件下，社会投资主要通过市场机制调节，由要素市场进行分配，同时也在一定程度上运用行政方式实现社会投资在不同产业部门之间的配置。产业投资结构是经济发展的重要组成部分，是实现产业结构演进的基本手段，它直接影响经济发展、产业结构和生产力布局。产业投资结构效益可以通过产业结构是否合理反映出来，也可以通过产出效率反映出来，例如投资效果系数等可量化指标。投资效果系数是一定时期内地区生产总值增加额与固定资产投资额的比值，它在一定程度上反映了在一定结构和规模状态下，单位固定资产投资提供的地区生产总值增加额，是较全面、较综合反映固定资产投资效益的指标。其值愈高，单位投资实现的GDP增加值就愈多，投资的经济效益也就愈好。本研究主要通过产业结构和投资效果系数等综合性指标来衡量投资效益。

我国正处于产业转型升级的过程中，尤其是以四大直辖市为例，研究这几个城市的产业投资结构效益具有很大必要性。

一是于全国而言，四大直辖市的产业投资结构方向具有典型性和代表性。四大直辖市中，北京、上海已进入后工业化时代，天津处于工业化阶段后期，重庆则处于工业化初期阶段，四个城市发展阶段不同，同时又处于华北、东南、西南不同人文气候的区域，很大程度上反映了我国城市的多样性、复合性和复杂性，这四大直辖市在全国范围内具有一定代表性。“窥一斑而知全貌”，因此，研究四大直辖市的经济发展情况、产业和投资方向，对全国的产业投资结构具有重要的示范作用。此外，鉴于我国的城市体系具有鲜明的等级特性，城市的级别越高，资金和土地等资源的获取越容易。四大直辖市位于城市金字塔顶端，都是“省级权限，城市体制”，那么其投资效益是否相同，决定不同地区间投资效率的因素是什么？对这四个城市进行的对比研究就十分必要。

二是对产业结构升级优化和提高产业竞争力具有重要的指导意义。产业结构的升级和优化主要依靠投资来实现，投资是形成未来产业结构的手段，因此，通过对产业投资结构及其影响因素的研究，不仅可以理清影响产业投资结构内部变动情况，还可以对宏观投资管理提供科学有效的政策建议，并通过对各种投资主体的合理引导，调整其产业投资方向，理顺投资结构，从而推动产业结构的不断优化与升级。同时，政府通过产业政策鼓励各类科技创新型产业的发展，触动资本敏感度，使其向高新技术领域投资，进而提高整体产业竞争力。明晰四大直辖市之间经济增长与产业结构变动的影响效应，能够为我国合理布局产业分布，进行产业结构的调整、升级以及有效推动经济发展有所助益。

三是对进一步提高北京市投资效率和经济增长质量具有重要意义。纵观北京市经济体制市场化转型以来，经济高速增长多年，现在已进入减量发展时代，要以经济的高质量发展为目标，更要注重提升投资效率。2018年前三季度，北京市在固定资产投资负增长的情况下出现了经济正增长的态势，这是否可能是北京市固定资产投资将在较长时间内都会呈现的态势呢？固定资产投资和经济增长的关系是否是必然关系？不同产业之间是否存在差异？回答这些问题，有助于在疏解非首都核心功能背景下及时调整北京产业投资结构，提高投资效率，这对改善经济高质量增长和可持续性发展具有重要意义。

二、四大直辖市产业投资结构呈现出来的共同特征

（一）产业发展趋势向好，三次产业结构不断优化

虽然四个直辖市经济发展阶段和投资内部结构不同，但是面临的国际政治形势、经济环境、转型发展等外部环境相同，因此，四个直辖市的三次产业规模和结构呈现出来一些共同特征。根据统计局数据显示，2001—2017 年间，四大直辖市三大产业总产值均发生了较大幅度的提升。北京、上海、天津和重庆的第一产业产值分别由 2011 年的 80.8 亿元、78 亿元、78.7 亿元、294.9 亿元扩大到 2017 年的 120.4 亿元、99 亿元、218.3 亿元、1339.6 亿元；第二产业则分别由 1147.6 亿元、2403.2 亿元、959.1 亿元、842 亿元扩大到 5326.8 亿元、9251.4 亿元、7590.4 亿元、8596.6 亿元；第三产业分别由 2541.6 亿元、5210.1 亿元、881.3 亿元、840 亿元扩大到 22567.8 亿元、30133.9 亿元、10786.7 亿元、9564 亿元。可能受益于宏观经济总体平稳和积极的产业政策等因素，四大直辖市近年来产业不断发展，规模持续扩大，对经济的平稳发展起到了重要作用。

从三次产业各自所占比重来看，四大直辖市的三产结构在不断优化。2001 年北京三次产业比重为 2.1∶30.1∶67.4，2010 年这一比重为 0.9∶23.5∶75.7，2017 年这一比重进一步调整为 0.4∶19.0∶80.6。如表 3-1 所示，上海、天津和重庆表现出与北京相同的态势，第一产业比重不断下降，第二产业比重在下降中趋于平缓，第三产业比重不断上升。比较西方许多学者对产业结构理论所做的研究，从总体上看，四省市产业结构表现出第一产业比重日趋减小，第二、第三产业比重日趋扩大，这与产业结构

演变规律相吻合。

需要说明的是，在四大直辖市中，重庆作为最年轻的直辖市，第一产业对经济增长的贡献率要远远高于其他三个直辖市。其他三个直辖市相对于重庆发展历史更久，地理位置更优越，它们基本上已摆脱了对第一产业的依赖，当前第二、第三产业对经济增长拉动作用的差距正不断缩小，随着产业结构的持续调整和优化，第三产业将会取代第二产业成为四大直辖市经济发展的最主要动力。

表 3-1 四大直辖市三次产业结构比重对比（单位：%）

年份	北京			上海			天津			重庆		
	第一产业	第二产业	第三产业	第一产业	第二产业	第三产业	第一产业	第二产业	第三产业	第一产业	第二产业	第三产业
2001	2.1	30.4	67.4	1.5	46.1	52.4	4.1	50.0	45.9	14.9	42.6	42.5
2002	1.9	28.7	69.5	1.6	47.4	51.0	3.9	49.7	46.4	14.2	42.9	42.8
2003	1.7	29.4	69.0	1.5	50.1	48.4	3.5	51.9	44.6	13.3	44.4	42.3
2004	1.4	30.3	68.3	1.0	48.2	50.8	3.4	54.4	42.3	14.1	45.4	40.5
2005	1.2	28.6	70.1	0.9	48.6	50.5	2.9	54.9	42.3	13.4	45.1	41.5
2006	1.1	26.7	72.3	0.9	48.5	50.6	2.3	55.3	42.4	9.9	47.9	42.2
2007	1.0	25.2	73.9	0.8	46.6	52.6	2.1	55.3	42.6	10.3	46.7	43.0
2008	1.0	23.2	75.8	0.8	43.3	56.0	1.8	55.5	42.8	9.9	44.7	45.4
2009	0.9	23.0	76.1	0.8	39.9	59.4	1.7	53.3	45.0	9.3	45.0	45.7
2010	0.9	23.5	75.7	0.7	42.1	57.3	1.6	52.8	45.7	8.7	44.6	46.8
2011	0.8	22.6	76.6	0.7	41.3	58.1	1.4	52.8	45.8	8.4	44.6	47.0
2012	0.8	22.1	77.1	0.6	38.9	60.5	1.3	52.1	46.6	8.2	45.4	46.4
2013	0.8	21.6	77.6	0.6	37.2	62.2	1.3	50.8	47.9	7.8	45.5	46.7
2014	0.7	21.3	78.0	0.5	35.1	64.4	1.3	49.6	49.2	7.4	45.8	46.8
2015	0.6	19.7	79.7	0.4	32.2	67.4	1.2	47.0	51.7	7.3	45.0	47.7
2016	0.5	19.3	80.2	0.4	29.8	69.8	1.2	42.3	56.4	7.4	44.2	48.4
2017	0.4	19.0	80.6	0.3	30.7	69.0	1.2	40.8	58.0	6.9	44.1	49.1

数据来源：2001—2007 年《北京统计年鉴》《上海统计年鉴》《天津统计年鉴》《重庆统计年鉴》，以及《北京市 2017 年国民经济和社会发展统计公报》《2017 年上海市国民经济和社会发展统计公报》《2017 年天津市国民经济和社会发展统计公报》《2017 年重庆市国民经济和社会发展统计公报》。

（二）第一、第二产业投资比重先上升后下降，第三产业投资规模先下降后上升

从表3-2中，我们基本可以看出近几年四大直辖市的产业投资变化趋势。2001年到2017年，四大直辖市的第一、第二产业投资相对第三产业增幅相对放缓。四大直辖市对第一产业的投资一直很低，尽管因国家对“三农”问题的重视程度加大，农业投资比重有所提升，但总体来看，农业投资的相对份额仍然很低。如北京呈现出典型的“大城市、小农业，大郊区、小农村”特征，第一产业投资额相对第二和第三产业非常之低。从表3-2看，北京、上海、天津的第一产业投资比重未超过2.5%，重庆的第一产业投资比重介于1%~4%。四大直辖市的第二产业投资额在2012年前后处于上升态势，2012年后普遍趋于平稳，且近几年有下降趋势，这说明在产业转型升级过程中，各地不再单纯热衷于第二产业投资，投资额逐渐有所下降。

第三产业与第一、第二产业的投资走势有明显不同，除天津近两年受到统计“挤水分”的影响下降了以外，其他三个直辖市的第三产业投资规模在2009年金融危机之后，均呈现出快速扩大的趋势，尤其是房地产投资迅速，是第三产业中的投资重点。2017年，北京、上海、天津、重庆的房地产投资额分别占第三产业投资额的58.6%、62.2%、29.6%和36.0%。近年来，四大直辖市第三产业的蓬勃发展，既有国家产业政策的导向之外，还归因于第三产业的利润率正逐渐高于其他行业，从而强化了对第三产业的投资。随着我国产业结构调整的不断推动，面向第三产业的投资额还将不断提高。

表3-2　四大直辖市投资产业结构比重对比（单位:%）

年份	北京			上海			天津			重庆		
	第一产业	第二产业	第三产业	第一产业	第二产业	第三产业	第一产业	第二产业	第三产业	第一产业	第二产业	第三产业
2001	0.55	10.08	89.38	/	/	/	0.16	36.91	62.93	1.35	18.24	80.41
2002	0.41	10.20	89.39	0.23	33.20	66.56	0.46	38.47	61.06	1.92	19.65	78.43
2003	0.97	12.09	86.94	0.17	32.91	66.92	0.90	36.08	63.03	2.08	23.90	74.02

续表

年份	北京			上海			天津			重庆		
	第一产业	第二产业	第三产业	第一产业	第二产业	第三产业	第一产业	第二产业	第三产业	第一产业	第二产业	第三产业
2004	0.58	15.86	83.56	0.17	32.75	67.08	0.92	39.85	59.23	2.23	26.52	71.25
2005	0.42	14.49	85.09	0.16	30.55	69.30	0.90	40.51	58.58	2.20	29.21	68.58
2006	0.43	10.77	88.80	0.36	30.90	68.74	0.87	41.38	57.75	2.12	30.81	67.08
2007	0.42	12.20	87.37	0.19	31.35	68.47	0.66	44.00	55.34	1.89	34.32	63.79
2008	0.73	10.03	89.24	0.17	29.42	70.41	1.09	44.25	54.65	2.20	35.52	62.27
2009	1.18	8.47	90.35	0.22	27.07	72.71	1.54	44.28	54.18	3.74	35.57	60.69
2010	0.79	9.61	89.60	0.31	26.99	72.70	1.46	45.24	53.29	3.82	34.94	61.24
2011	0.80	12.90	86.31	0.37	25.57	74.06	2.00	43.00	55.00	3.63	36.23	60.14
2012	2.25	11.14	86.61	0.21	24.63	75.16	1.66	42.58	55.76	3.88	32.78	63.34
2013	2.50	10.74	86.77	0.33	21.99	77.68	1.21	41.98	56.81	3.94	31.54	64.52
2014	2.17	9.48	88.35	0.20	19.24	80.57	1.22	43.21	55.57	3.68	31.52	64.80
2015	1.39	8.47	90.14	0.06	15.09	84.84	1.80	39.30	58.90	3.44	32.29	64.27
2016	1.18	8.54	90.28	0.06	14.55	85.39	1.98	26.94	71.09	3.21	32.64	64.15
2017	1.07	9.99	88.94	0.02	14.26	85.71	2.33	30.83	66.85	2.83	33.76	63.41

数据来源：同表3-1。

三、四大直辖市产业投资结构的差异及效益比较

（一）四大直辖市总体投资效果存在明显差异，上海最优

2017年，北京、上海、天津、重庆的固定资产投资分别是8948.1亿元、7246.6亿元、11274.69亿元、17441亿元，对应的GDP分别为28014.9亿元、30133.9亿元、18595.4亿元、19500亿元。从总量对比看，北京的地区生产总值是固定资产投资总额的3.1倍，上海、天津、重庆分别是4.2倍、1.6倍、1.1倍。可见，相对于天津、重庆，北京和上海利用更少的投资额获得了较多的产出，投资效率相对较高，可能的原因是北京和上海的第三产业占比较高，投资效率相对较高。

需要说明的是，北京的产业转型升级速度不弱于上海，尤其近几年高新

技术产业发展迅猛，但总体投资效果却低于上海。究其原因，第一，来自统计因素，北京“总部经济”并未完全被纳入北京地区生产总值中，而是返回各地计入了当地地区生产总值中；相对于其他地区来讲，北京地区生产总值漏统的部分较多。第二，上海的产业资本配置效率较高，尤其是各行业内部投资比较均衡。第三，上海的制造业和服务业之间的协同、融合性发展趋势较强，即上海先进制造业与现代生产性服务业能够相互促进、共同发展，所以其投资效率也高。第四，北京的固定资产投资不仅仅通过地区生产总值来表现其效果，比如有一些投向了民生领域的投资，虽然短期内经济效果不明显，但是长期来看，其社会效益会越来越显著。

（二）相对于天津和重庆，北京和上海的第二产业投资效果波动较大，第三产业投资效果较为平稳

通过测算发现，四个直辖市的第一产业的投资效果均具有波动大的特点。可能的原因是，第一产业的产值和规模相对于二、三产业较小，较小的固定资产投资变化就会引起较大的投资效果波动。第一产业受自然因素影响较大，属于政策重点保护的弱势产业，因此其投资效果变动幅度也较大。此外，对于第一产业的投资不能只看其投资效果系数的大小，即不能只看其经济效益，还应考虑其社会效果。

比较四大直辖市第二产业的投资效果，从图 3-1 中发现，2002—2017 年，北京和上海的第二产业投资效果波动较大，处于先上升后下降、近期又开始上升的态势；天津和重庆的第二产业投资效果则呈现快速下降的态势。这可能的因素是，北京和上海的第二产业在最初几年随着投资规模的扩大，边际效果递减，投资效果开始下降；2016 年随着国家层面创新驱动发展战略的实施，京沪作为全国的科技创新中心，高科技含量、高知识密集的投入较多，产出效率相对越高，所以投资效果又开始转而上升。对于天津和重庆来说，第二产业投资效果系数的大幅下降，说明第二产业投资规模的快速扩张，尤其是传统制造业、加工业如铁矿业等的投资加大，使天津和重庆的第二产业投资效率下降。

从第三产业的投资效果来看，北京和上海的第三产业的投资效果相对

平稳，天津和重庆的第三产业的投资效果总体较差但有转好的趋势。从图3-1中可以看到，北京和上海的第三产业的投资效果系数基本保持在20～40之间，天津和重庆的投资效果系数保持在10～20之间，北京和上海的第三产业投资效果好于天津和重庆。这可能的原因是北京和上海的第三产业投资内部结构更加优化，倾向于投资高新技术、高端生产性服务业等产业，投资效率相对较高；天津和重庆的第三产业发展基础相对较弱，生活性服务业等更容易吸引到投资，但投资效果不佳。此外，还有一个非常重要的因素，当一个国家和地区从工业化阶段向服务业化阶段转变的时候，政府可发挥作用的空间由强转弱，第三产业的发展除了受到产业政策的影响，更重要的还会受到科技、收入等因素的影响。北京、上海的第三产业占比达，投资受到收入、市场规模等市场因素的影响更多，资源配置效率较高，投资效率也较高；天津和重庆则受到政府规制更多的影响，其资源配置效率相对较低。

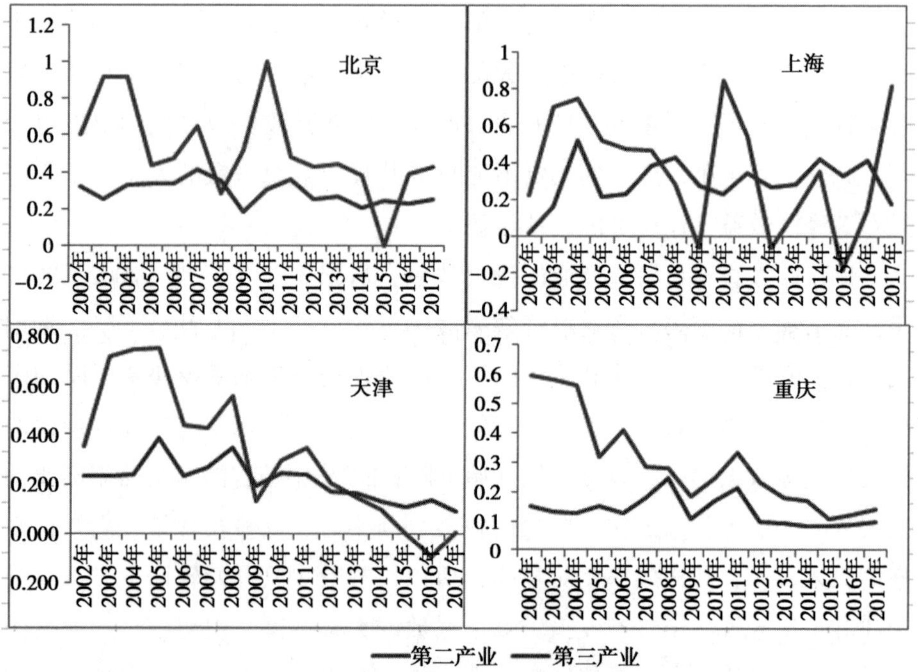

图3-1　四个直辖市二、三产业的投资效果系数（单位：%）

数据来源：根据四个直辖市统计局网站数据测算得到。

（三）就产业投资内部结构而言，北京和上海的产业投资“高精尖”方向的投资态势已有雏形，重庆正努力实现“跨越式追赶”

近年来，北京和上海围绕科技创新、文化创意和城市更新改造、高端生产性服务业等高端领域，进行了很多投资，产业内部逐渐趋向于高精尖结构。首先，北京和上海均被赋予了全国科技中心的定位，这两个城市在全国的创新发展、科技前沿等方面具有引领和示范作用，也形成了一定的基础。2018 年由 CB Insights 发布的《全球科技中心报告》显示，全球范围内一共遴选了 25 座城市作为“全球科技中心”，北京和上海成功入选并被列为高速成长的科技中心，仅次于波士顿、伦敦、洛杉矶、纽约、硅谷以及特拉维夫这 6 个重量级科技中心。其次，北京、上海的生产性服务业具有显著的集聚性特点，集约集聚发展态势已经形成。最后，北京、上海的城市更新改造的巨大需求，也为各领域投资提供了较大动力。越来越趋向“高精尖”的第二、第三产业的协调优化发展，可以更好地提升投资效率。

从重庆的具体行业来看，2017 年，重庆投资增长最快的是汽车制造业和电子制造业，分别增长了 24.0% 和 15.9%，二者所占比重为第二产业投资份额的 34.3%；第三产业中房地产行业投资最大，但金融、保险行业投资比重过小。需要强调的是，重庆与天津在企业的投资主体方面存在较大差别，天津以大型国企为主，重庆的中小型企业数量众多。未来，重庆实现跨越式发展过程中，必然会越来越加大对第二和第三产业的投资，越是中小型企业多，越有助于形成产业链条上下游的可持续发展，也有助于提升投资效率，这方面重庆的优势比天津更为突出，更加有助于实现“跨越式发展”。

四、四大直辖市产业结构投资所折射出的共有问题

（一）针对第三产业快速发展的城市，现有统计无法全面客观反映实际情况

为了适应不断变化的形势，我国的统计工作尽管历经几次较大的调整和改革，但因其统计对象是全国所有省市，统计所选用的指标和调查对象

是统一的，缺乏对地区特殊性的考虑。尤其对于北京、上海这些“新经济、新业态、新模式”层出不穷的城市，统计方法和核算范围难免会滞后于这些城市的需求和客观实际。比如，目前的 GDP 核算实践中，统计没有把数据库、娱乐文学和艺术品原件支出作为固定资本形成计入 GDP。就北京而言，这三部分已经在国民经济生产中占据了十分重要的地位，亟须得到足够的重视。尤其是数据库，这是重要的信息资源，是目前各大企业争相布局的无形资产，这些数据将会在未来给生产、生活的方方面面带来十分重要的影响，应该计入北京地区生产总值中。此外，虽然我国在 2017 年确认将部分研发支出计入 GDP，但是对于北京这样的高新技术产业发展十分迅猛的城市来说，仅对有形资产的统计并不能够全面反映北京的客观实际，北京的地区生产总值一定程度上存在被低估的现象。

（二）三次产业投资结构失衡问题均较为突出

从前面对三次产业发展及投资结构的分析中可以看出，四个直辖市目前产业发展和投资结构变动存在诸多问题，产业投资结构变动失衡问题比较突出，如第一产业投资的不足妨碍了该产业的升级和现代化进程，从而束缚了劳动力向其他产业的释放。而第二产业投资结构偏向重化工业，一方面是因为工业化进程的加快，另一方面则来源于工业内部各行业之间的投资失衡，造成对重化工业需求的增加。第二产业内部结构的失衡同时又引起有关行业产能的盲目扩张，从而进一步造成产能过剩问题。第三产业投资又偏向于房地产、交通运输、餐饮、批发零售业等传统行业，而关系第一、第二产业技术升级和长远发展的科学研究、技术服务行业则严重缺乏投资，医疗、卫生保健业也投资不足。三次产业投资经历了几十年的增长，其产业内部各行业投资比重虽然发生了一些变化，但主要行业变化并不是很大，传统行业投资依然占据主要地位，以信息咨询、软件及计算机服务为标志的新兴行业的投资仍然远低于其他发达国家和一些新兴经济体。

（三）“制造-服务”融合发展的力度不够

美国学者丹尼尔·贝尔提出，当人均 GDP 突破 5000 美元时，经济结构从以制造业为主转向以服务业为主，社会开始步入以信息化、知识化为主要特征的后工业化社会。在这一阶段，传统意义上的制造业与服务业之间不再是简单的分工关系，服务业与制造业融合的现象频频发生，更多地表现为你中有我、我中有你的融合趋势。然而实际中，虽然北京、上海的制造业与服务业显现出了融合发展趋势，但总体上并未形成稳固态势。从宏观层面来看，政府对服务业与制造业融合的战略意义认识不足，甚至把制造业与服务业的发展对立起来，在产业发展中没有树立融合的发展观，片面地强调发展制造业，或者片面地强调发展服务业。此外，四大直辖市的制造业整体水平较低，对服务业需求不足；服务业与制造业的互动机制不健全。总体上看，四大直辖市在服务业和制造业趋向融合的过程中，服务业还没有充分发挥出应有的拉动作用，制造业也没有展现出强大的基础性推动作用。

（四）产业间的投资规模与投资效益不对称

从投资规模来看，第三产业的投资额最大，其次是第二产业和第一产业，但这种投资规模布局缺乏效益的支持。从反映绝对量效益水平的投资效果系数来看，第二产业的投资效益最好，其次是第一产业，最后才是第三产业。因此，单独从投资经济效益的角度来看，最有发展的应该是第二产业，而不是第三产业，除了上述说过的统计因素外，说明第三产业发展严重依靠传统性行业，高端服务类行业发展滞后，从而导致第二产业相对较高的投资效益。也就是说，工业运用了较少部分的投资实现了较大部分的产出增长。而第三产业的投资虽然大量增加，并没有带来相应的产出增长。投资和产出在结构上的偏差，是四大直辖市产业结构转换过程中的一个值得重视的问题。从经济增长的质量看，投资需求拉动必须能够形成新的社会生产能力和市场供给能力，否则，虽然暂时拉动了经济的增长，但不能形成有效的供给，对未来的经济发展则是不利的。造成以上问题的原因，既有体制所致的内在因素，又有世界产业转移所致的外在因素。但鉴于四大直辖市仍处于经济体制转型期，早期的计划经济色彩在产业投资领域依然浓厚，因而投资主体、融资结构等体制性因素对产业投资结构的影响更为深刻。

（五）市场配置资源的力量不够强

一般地，经济增长会带来产业结构的调整及变动以适应消费结构和供给结构的变化，实现资源的合理配置，但是由于市场调节机制还不健全，产业结构变动主要由政府主导，这在一定程度上弱化了市场的资源配置作用，使产业结构的变动与经济增长的需要脱钩。比如，第二产业现在作为天津和重庆经济发展的支柱性产业，产业政策的制定与实施更具有政府色彩。第三产业中，理论上更需要在市场中自发调整以满足实际需要与供给结构，实际上，四大直辖市的第三产业的市场力量发育不足，投资障碍多，进入壁垒高，非国有经济的发展相对较慢。目前，四大直辖市第三产业中的金融保险业、电信业、铁路和航空运输业、教育、卫生、文化和信息媒体还基本上处于垄断经营、管制经营、限制经营的状态，国有企业对这些特定领域的行政性垄断抑制了民间投资需求的扩大，并导致服务业的供给不能有效地满足社会市场需求。

（六）投资与产出两者间的体制机制关系不够健全

长期以来，特别是改革开放以后，四大直辖市一直把产业结构调整作为国民经济战略规划的重要组成部分，在五年计划中规定了未来产业结构调整的目标，并制定了相应的产业投资政策调控产业投资结构，促进产业结构调整目标的实现。但从以往的情况来看，产业投资结构对产业结构调整的效果并不理想，甚至出现作用方向上的矛盾，造成产业结构调整的目标难以实现。造成产业结构调整的目标与投资政策和投资结构脱节问题的根本原因，还在于四大直辖市的经济管理体制不够完善。产业结构调整的战略目标、投资项目和投资资金、投资政策和投资结构调整由发改、财政、经信三个部门分别管理。不仅三个部门的关系难以协调，也会造成信息的不完整和不对称。

五、几点主要结论及对北京的启示

（一）深刻把握好地区生产总值和固定资产投资的内涵

当前，北京市是全国唯一的三产比重超过80%的城市，三产中各种新经济、新业态、新模式涌现，现有的统计制度无法将这些都有效涵盖进来。尤其是类似数据库、信息资源等无形资产，在当前的大数据时代尤为重要，如果将信息和数据等资产的产出纳入统计，GDP这一数据将会得到大大提高。因此，从统计上来说，对于北京这样信息和数据已经占据了重要地位的城市，地区生产总值存在被低估的现象。此外，固定资产投资包括了土地购置费用，北京近年来土地购置费用不断升高，目前占据了固定资产投资的40%~50%，但这并不是可持续性投入，而且在当前防控金融风险背景下，费用拉动型投资难以为继，并不能代表北京市固定资产投资的方向和趋势。对形势的准确理解和判断需要建立在对现有数据背后的内涵深刻把握基础上，这也有助于解释现实当中与常理相矛盾的状况，例如当前经济正增长而投资负增长的现象。对于当前形势变化快、新经济不断涌现的北京来说，这尤为重要。

（二）从产业投资结构上看，北京当前要重视第二产业的投资

由前文的分析可知，固定资产投资对第二产业的促进作用更为明显。北京在减量发展背景下，在贯彻非首都核心功能疏解的过程中，城六区的第二产业尤其是制造业进行了大力度的疏解。2018年1—10月份，北京第二产业固定资产投资下降了42.9%，比全社会固定资产投资低30个百分点。一定程度上来说，当前北京“减法”做得比较快，“加法”做得相对较慢，第二产业投资增速过快下滑应该引起足够的重视。北京作为全国的科技创新中心，科技成果转化更需要制造业支撑，制造业是科技创新的重要基础，没有先进制造业，科技创新中心也无从谈起。所以在下一步工作

中，务必要重视第二产业的关键作用，在做减法的同时，适当做好加法，在中关村科学城、怀柔科学城和未来科技城做好先进制造业布局，增加第二产业的投资额度，提升第二产业的投资效果。

（三）要加大对实体经济的投资力度

加大对实体经济的投资，不仅对北京，对四个直辖市都有很大的借鉴作用。由前述的分析可知，四大直辖市过去几年都不同程度地偏向于房地产投资。房地产投资对实体经济投资具有较强的替代性，甚至一度成为"吸金利器"，对整个经济的健康发展不利。当前在中央去杠杆、防范金融风险的背景下，更要重视对实体经济的投资，通过投融资体制改革、提高实体经济的回报率、鼓励实体企业在境内外上市、引导实体经济企业在区域股权交易中心挂牌融资等措施，拓宽资本进入实体经济的渠道和机会，实现资本的良好收益。

（四）投资除了短期的经济效果外，更要重视首都核心功能发挥效果的评估

北京是全国的政治中心、文化中心、国际交往中心、科技创新中心，这是北京固定资产投资最为重要的方向。北京的固定资产投资往往不仅局限在 1.64 万平方千米的行政辖区范围内，其对全国其他地区的经济社会发展具有巨大的辐射力和影响力。比如，中关村的科技投资具有明显的外溢效益；北京医疗和教育等公共服务投资也具有外部性，对全国各地都有较大影响；又如，北京作为总部基地，其投资对其他地区的经济社会发展具有一定导向性。因此，投资短期内的经济效果可能并不突出，但是可能在"四个中心"建设方面发挥了十分重要的作用，那么它的总体效益是远远大于经济效益的。下一步，我们更要重视在这些方面的投资效果评估。

（五）要注重产业投资结构的规律性经验挖掘，避免将经验"拿来主义"

当今国内外形势变化快，各个城市新手段、新措施、新做法层出不穷，这要求我们不得不快速学习其他地区经验。在实际工作中，我们往往

很容易将城市间的数据结果进行简单直接比较，而缺乏对数据背后的内涵、运行条件进行深入的分析和拆解。这就会导致相关政府会把所谓的好经验直接拿来为我所用，缺乏智慧的选择和应用，好经验直接“拿来”往往容易出现“水土不服”的现象。这就要求我们更应该重视剖析典型案例、典型模式，发掘背后隐含的经济规律，找出这种好经验能够生长的土壤，也要求我们对自身的发展阶段、基础条件、所面临的独特形势作出理智判断。因此，对四大直辖市作比较是为了更好地发现影响产业投资效果的决定性因素，例如产业间的结构优化可能是外部性和周期性因素占主导，而产业内部结构优化则更多的是结构性因素起作用，不同类型的影响因素会直接影响投资方向和力度，因此要分清症状，对症下药。

（执笔人：张晓敏）

参考文献：

[1] 曲三省．产业结构与投资结构协整分析［J］．统计与决策，2015（3）．

[2] 柯善咨，赵曜．产业结构、城市规模与中国城市生产率［J］．经济研究，2014（4）．

[3] 王君斌，郭新强．产业投资结构、流动性效应和中国货币政策［J］．经济研究，2011（2）．

[4] 范德成，刘希宋．产业投资结构与产业结构的关系分析［J］．学术交流，2003（1）．

[5] 高峰．天津投资型发展模式面临的困境及转型思考［J］．城市，2017（2）．

[6] 黄亚妍．重庆市产业投资结构分析［J］．重庆师范大学学报（自然科学版），2005（2）．

[7] 黄冬梅．固定资产投资主体结构与投资效率的实证研究［D］．济南：山东大学，2017.

第四章　四大直辖市房地产投资结构和效益比较研究

一、房地产投资结构比较

（一）房地产开发投资基本情况

1. 房地产开发投资规模均呈上升趋势

随着经济社会快速发展，四大直辖市房地产开发投资规模整体均呈上升趋势。北京房地产开发投资率先于2015年突破4000亿元大关，重庆和上海相继于2013年和2014年突破3000亿元，天津于2016年突破2000亿元[1]。进入“十三五”以来，受土地供应减少、楼市调控等因素影响，北京房地产开发投资出现一定下滑，上海和重庆房地产开发投资继续稳定增长。2017年，重庆房地产开发投资额首次超过北京，位列四大直辖市之首，北京、上海、重庆和天津房地产开发投资额分别为3745.8亿元、3856.5亿元、3980.1亿元和2233.4亿元。

2. 房地产开发投资增速总体呈波动下行趋势

2006年以来，四大直辖市房地产开发投资增速总体呈波动下行趋势，北京和上海较为接近，天津明显滞后于重庆（详见图4-1）。北京房地产开发投资增速在2008年由正转负后，2016年和2017年再次为负，且降幅有所扩大。上海房地产开发投资增速在2010年冲向高点后逐渐回落，从

[1] 除特别声明外，本文数据来自四大直辖市统计年鉴、统计局网站以及国家统计局网站。

2013 年起呈持续下降趋势，2017 年降至 4.0%。天津房地产开发投资增速除了 2017 年转负外，2006 年以来其余年份都超过了 10%。重庆房地产开发投资增速连续多年保持在 20% 以上的高水平，直至 2015 年出现断崖式下滑，仅为 3.3%，较 2014 年下降 17.2 个百分点，2017 年小幅回升至 6.8%。

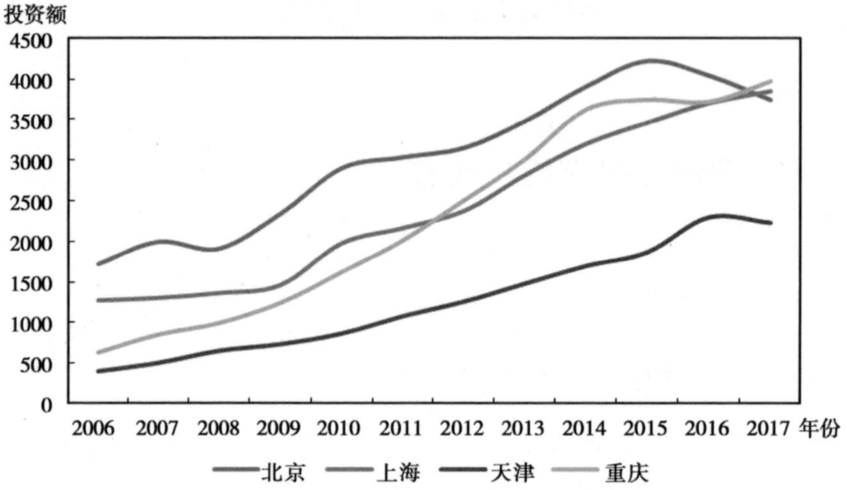

图 4-1 2006—2017 年四大直辖市房地产开发投资额（单位：亿元）

注：重庆和天津数据除 2017 年来自市统计局外，其余来自国家统计局。

3. 房地产开发投资占固定资产投资比重差异化显著

从四大直辖市房地产开发投资占固定资产投资比重来看，差异化显著，北京和上海较高，重庆和天津较低（详见表 4-1）。“十一五”和“十二五”期间，北京房地产开发投资一直占据固定资产投资的半壁江山，2010 年一度跃升至 55.6%，但进入“十三五”以来，比重明显降低，2017 年降至 41.9%，为 2006 年以来的最低值。近十年来，上海房地产开发投资占固定资产投资比重稳中有升，从 2013 年起连续 5 年超过北京，2017 年比重为 53.2%，高出北京 11.4 个百分点；重庆房地产开发投资占比基本维持在 25% 的水平，天津为 16% 左右。

表 4-1　四大直辖市房地产开发投资占固定资产投资比重（单位:%）

年份	北京	上海	天津	重庆
2006	51.0	32.5	21.7	25.7
2007	50.3	29.3	21.2	26.9
2008	49.6	28.3	19.2	24.5
2009	48.1	27.8	14.7	23.3
2010	55.6	37.2	13.3	23.4
2011	51.4	42.8	14.4	26.2
2012	48.8	45.3	14.2	26.7
2013	49.5	49.9	14.6	26.9
2014	51.7	53.3	14.6	27.5
2015	52.9	54.6	14.3	24.2
2016	47.8	54.9	15.7	21.5
2017	41.9	53.2	19.8	22.8

注：2017 年天津固定资产投资数据不含农户。

4. 房地产开发投资占地区生产总值比重出现不同程度回落

随着经济结构调整的深入推进，四大直辖市房地产开发投资占地区生产总值比重均有不同程度的回落（详见表 4-2）。北京房地产开发投资占地区生产总值比重从 2006 年的 21.2% 下降到 2017 年的 13.4%。上海房地产开发投资占地区生产总值比重整体变化不大，2017 年为 12.8%，低于全国平均水平 0.5 个百分点。天津房地产开发投资占地区生产总值比重一直与全国平均水平相当，2017 年为 12.0%，较 2016 年减少 0.9 个百分点。重庆房地产开发投资占地区生产总值比重相对较高，“十二五”期间比重为 23%，2017 年为 20.4%，分别高出北京和上海 7.0 和 7.6 个百分点。

表 4-2　2006—2017 年四大直辖市房地产开发投资占地区生产总值比重（单位：%）

年份	北京	上海	天津	重庆	全国
2006	21. 2	11. 9	8. 9	16. 1	8. 9
2007	20. 3	10. 3	9. 5	18. 2	9. 4
2008	17. 2	9. 6	9. 6	17. 1	9. 8
2009	19. 2	9. 6	9. 6	19. 0	10. 4
2010	20. 6	11. 4	9. 3	20. 4	11. 7
2011	18. 7	11. 1	9. 4	20. 1	12. 6
2012	17. 6	11. 6	9. 6	22. 0	13. 3
2013	17. 9	12. 7	10. 1	23. 6	14. 5
2014	18. 3	13. 3	10. 6	25. 5	14. 8
2015	18. 4	13. 5	11. 1	23. 9	13. 9
2016	16. 2	13. 2	12. 9	21. 2	13. 8
2017	13. 4	12. 8	12. 0	20. 4	13. 3

（二）房地产开发投资结构分析

1. 按构成分

房地产开发投资按构成分，包括建安工程，设备、工器具购置以及其他费用等投资。对北京和上海等城市来说，土地购置费是房地产开发投资的重要支撑，供地多少与快慢往往决定着房地产开发投资的规模和增速。北京土地购置费占房地产开发投资比重稳居四大直辖市之首，“十二五”期间比重为 40. 3%，较“十一五”期间提高 7. 7 个百分点，2017 年比重为 46. 6%，处于历史高位。上海土地购置费占比从 2011 年起超过重庆，随后两者差距逐渐增大，2016 年上海土地购置费占比为 32. 6%，高出重庆 17. 5 个百分点。天津土地购置费占比相对较低，“十二五”期间为 11. 9%，低于同期全国 17. 6% 的平均水平（详见表 4-3）。

表 4-3　2006—2016 年四大直辖市土地购置费占房地产开发投资比重（单位:%）

年份	北京	上海	重庆	天津	全国
2006	27.8	7.4	21.3	18.4	19.6
2007	32.3	10.0	17.3	13.5	19.3
2008	33.5	16.1	18.0	15.3	19.2
2009	25.1	14.6	19.2	12.0	16.6
2010	44.6	22.7	22.9	15.5	20.7
2011	42.9	19.4	18.6	7.7	18.7
2012	35.0	16.4	15.3	11.0	16.9
2013	33.3	20.9	17.2	7.2	15.7
2014	39.9	27.2	17.9	16.6	18.4
2015	50.6	29.0	19.6	17.0	18.4
2016	48.3	32.6	15.1	25.2	18.3

数据来源：北京市统计局和国家统计局。

相比土地购置费，更为人熟知的概念是土地出让金。从二者定义来看，土地购置费是指房地产开发企业通过各种方式取得土地使用权而支付的费用。土地出让金主要是指是指各级政府土地管理部门将土地使用权出让给土地使用者，按规定向受让人收取的土地出让的全部价款，或土地使用期满，土地使用者需要续期而向土地管理部门缴纳的续期土地出让价款，或原通过行政划拨获得土地使用权的土地使用者，将土地使用权有偿转让、出租、抵押、作价入股和投资，按规定补交的土地出让价款。目前土地出让金已成为地方政府预算外收入的主要来源。

具体来看表 4-4，北京除 2016 年土地出让金明显减少外，其余年份均保持在较高水平，即使在楼市深度调整的 2014 年，土地成价款也仅下降 5.2%，2017 更是达到 2796 亿元，创下历史新高。受供地结构性调整等因素影响，上海土地出让金在 2013 年达到高点后处于平稳下降趋势，2017 年土地出让金为 1472 亿元，较 2016 年减少 10.2%。重庆与上海走势类似，但在土地供应量和地价双双增长的背景下，2017 年重庆土地出让金止跌上扬，达到 1587 亿元，为近四年来的最高值。天津土地出让金在 2016 年突破 1000 亿元，达到 1389 亿元的历史高点，2017 年继续保持在千亿水平。

表 4-4　2011—2017 年四大直辖市土地出让金（单位：亿元）

年份	北京	上海	天津	重庆
2011	1055	1289	827	1024
2012	648	991	647	1095
2013	1822	2263	805	1947
2014	1917	1767	804	1415
2015	1984	1683	601	1308
2016	853	1639	1389	1069
2017	2796	1472	1228	1587

数据来源：中指数据。

土地出让金与土地供应量和地价直接相关，以下将从这两方面对四大直辖市进行对比和分析：

（1）土地供应量

无论是土地供应宗数、建设用地面积还是规划建筑面积，重庆都遥遥领先于其他三个直辖市，北京最少（详见表 4-5）。2017 年北京、上海、天津和重庆土地供应宗数分别为 102 宗、253 宗、300 宗和 915 宗；建设用地面积分别为 793.5 万平方米、983.2 万平方米、1985.8 万平方米和 5079.1 万平方米；规划建筑面积分别为 1380.3 万平方米、1808.0 万平方米、2480.1 万平方米和 8750.1 万平方米。

表 4-5　2011—2017 年四大直辖市土地供应量（单位：宗）

年份	北京	上海	天津	重庆
2011	249	784	957	1195
2012	163	652	954	1308
2013	214	596	726	1659
2014	141	480	598	1359
2015	108	224	417	1440
2016	41	191	401	1097
2017	102	253	300	915

数据来源：中指数据。

值得关注的是，近两年北京和上海土地供应量下滑较快，2016 年北京和上海分别出让土地 41 宗和 191 宗，为十年来最低水平。虽然两城在

2017 年土地供应量有所增加，但与前几年相比仍有较大差距。《北京市城市总体规划（2016—2035 年）》已经明确提出城乡建设用地规模 2020 年减少到 2860 平方千米左右，2035 年减少到 2760 平方千米左右；《上海市城市总体规划（2017—2035 年）》也提出 2035 年建设用地规模不超过 3200 平方千米。在城市减量发展的要求下，北京和上海土地供应量缩减的趋势仍将持续。

另外，北京和上海积极推进土地供给侧结构性改革，土地供应结构不断优化，土地供应方式更加完善。从土地供应结构来看，两城的住宅用地占比持续增加。2017 年北京和上海住宅用地占土地总出让宗数的比例分别达到 69.6% 和 50.2%，较 2011 年分别提高 45.9 个和 29.0 个百分点。同时，土地供应更加多元化。北京在 2017 年首次将共有产权住房用地列入年度计划并加大供地力度，全年总计供应 38 宗，规划建筑规模约 403 万平方米，是往年供地可建设规模的 3 倍。为加快构建租购并举住房体系，两城增加了租赁住房土地供应，北京将在五年内供应 1000 公顷集体土地用于建设租赁住房，上海将在“十三五”期间供应 1700 公顷租赁住房用地。从土地供应方式来看，两城进行了一系列探索和创新，如北京商品住宅用地采取“限房价、竞地价”方式确定竞得人，当达到预设的地价上限时，改为竞报企业自持商品住房面积比例；上海推行工业用地弹性年期出让制度，实行产业类工业用地 20 年弹性年期出让等。

四大直辖市中，重庆土地供应一直较为充足主要是由于其完善的土地储备制度。按照“超前储备、细水长流”的原则，重庆“八大投”[1] 合计储备了 40 多万亩地，足以维持今后十年的开发。此外，重庆还积极通过地票制度来保障土地供应，截至 2016 年末，累计成交地票 19.95 万亩，合计 396.2 亿元，而 95% 以上的地票使用在城市功能区和城市发展新区，每年可为重庆增加约 14% 的供地。

---

[1] “八大投”包括重庆市高速公路发展有限公司、重庆市高等级公路建设投资有限公司、重庆市城市建设投资有限公司、重庆市建设投资公司、重庆市水利投资有限公司、重庆市开发投资有限公司、重庆市水务集团、重庆市地产集团。

（2）地价

北京地价在四大直辖市中独占鳌头，上海次之（详见表4-6）。“十二五”以来，北京楼面地价一路高歌猛进，2017年达到20257元/平方米，较2016年上涨39.8%，其中住宅成交楼面地价达到24749元/平方米，较2016年上涨3.6%。受租赁住房用地增加等因素影响，上海楼面地价在2017年出现一定下滑，为8140元/平方米，较2016年减少23.1%。天津和重庆楼面地价水平相对较低，2017年分别为4949元/平方米和1815元/平方米，较2016年分别上涨19.6%和51.1%。

表4-6 2011—2017年四大直辖市成交楼面地价（单位：元/平方米）

年份	北京	上海	天津	重庆
2011	4531	2644	1131	1133
2012	3825	2440	1074	1019
2013	7636	5564	1738	1201
2014	11529	5673	1999	1108
2015	13379	8927	2723	963
2016	14493	10582	4139	1201
2017	20257	8140	4949	1815

数据来源：中指数据。

除地价外，土地溢价率也在一定程度上反映了土地市场的交易热度（详见表4-7）。北京的土地溢价率基本在25%到30%之间波动，2017年为24.2%，较2016年减少7个百分点。上海和天津的土地溢价率波动较大，2016年双双达到顶峰，分别上升至69.8%和65.5%，2017年又快速下滑至7.1%和16.2%。重庆的土地溢价率进入“十三五”后快速增长，2016年和2017年均超过16%，其中2016年达到18.1%，较2015年提高15.8个百分点。

表4-7　2011—2017年四大直辖市土地溢价率（单位:%）

年份	北京	上海	天津	重庆
2011	18.4	15.3	2.7	9.1
2012	31.3	11.5	3.9	4.4
2013	33.5	33.2	15.2	7.4
2014	34.6	24.5	4.4	2.2
2015	38.4	30.2	9.0	2.3
2016	31.2	69.8	65.5	18.1
2017	24.2	7.1	16.2	16.4

数据来源：中指数据。

2. 按用途分

房地产开发投资按用途分，包括住宅，办公楼（写字楼）以及商业、非公益用房等投资。在四大直辖市的房地产开发投资中，住宅投资占比都是最高的（详见图4-2）。2017年，天津和重庆住宅投资占比近七成，远超过北京和上海，但办公楼投资占比仅为4%左右，而北京和上海分别为19.8%和16.7%。究其原因，一方面是因为北京和上海作为国际大都市，办公租赁需求相对旺盛，另一方面是因为两城对住宅市场的严格调控催生部分投资转向商业地产等领域。

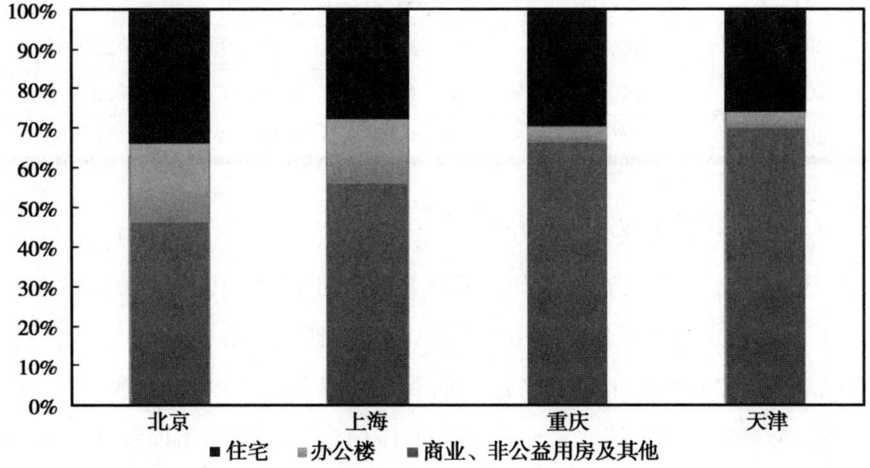

图4-2　2017年四大直辖市房地产开发投资结构（按用途分）

注：为方便比较分析，将上海、重庆和天津商业营业用房与其他投资归为一类，与北京统计口径保持一致。

以北京为例，受 2010 年以来房地产密集调控影响，住宅投资占比呈现稳中趋降的态势，从 2011 年的 58.6% 下降为 2017 年的 46.1%，办公楼投资占比则呈现稳中有升的态势，从 2011 年 12.0% 上升为 2017 年的 19.8%。

从住宅投资规模来看，重庆排名第一，北京和上海体量相当，天津位列最后（详见表 4-8）。2017 年重庆住宅投资完成 2632.88 亿元，是北京的 1.5 倍。上海住宅投资从 2016 年开始超过北京，2017 年达到 2152.4 亿元，比北京高出 1/4 左右。在房地产开发投资连续下降的背景下，北京住宅投资也呈现下滑趋势，2017 年下降 11.6%，降幅较 2016 年扩大 11.0 个百分点。天津住宅投资在 2014 年突破千亿规模，2017 年达到 1559.70 亿元，是 2012 年的 1.9 倍。

表 4-8　2011—2017 年四大直辖市住宅投资（单位：亿元）

年份	北京	上海	天津	重庆
2011	1778.31	1398.75	689.08	1438.45
2012	1627.99	1451.94	843.05	1706.77
2013	1724.56	1615.51	986.28	2044.24
2014	1962.03	1725.33	1122.26	2451.37
2015	1962.69	1813.32	1251.53	2390.49
2016	1950.89	1965.43	1598.27	2319.97
2017	1725.46	2152.4	1559.70	2632.88

从住宅供给情况来看，重庆占据绝对优势，其余三个直辖市相差不大（详见表 4-9）。“十二五”期间，重庆住宅施工面积累计达到 91855.45 万平方米，是北京的 2.6 倍；新开工面积累计达到 22892.04 万平方米，是北京的 2.7 倍。2017 年重庆住宅施工面积有所下降，新开工面积同比 2016 年增长 25.4%。2017 年北京住宅供给整体稳定，住宅施工面积为 5506.60 万平方米，较 2016 年略有下降；新开工面积为 1226.7 万平方米，与 2016 年基本持平。

表4-9　2011—2016年四大直辖市住宅施工面积（单位：万平方米）

年份	北京	上海	天津	重庆
2011	7168.10	8386.26	6623.95	20571
2012	7510.40	8315.68	6923.52	20739.18
2013	7406.90	8125.74	7562.48	23013.6
2014	6999.70	8525.58	7204.46	23348
2015	6314.60	8372.12	6968.75	21970
2016	5927.60	8073.94	6311.70	20058

从住宅销售情况来看，北京和上海呈下行趋势，重庆和天津表现良好。一方面，受前期供给减少和房地产调控升级影响，北京住宅销售面积逐年下降，2016年和2017年均跌破1000万平方米，其中2017年为612.8万平方米，为2006年以来最低值。随着调控组合拳相继推出，上海楼市趋于降温，2017年住宅销售面积减少33.6%。另一方面，在全国楼市明显分化的背景下，天津和重庆房地产市场持续升温。2017年天津住宅销售面积达到2521.87万平方米，同比2016年增长五成，销售额达到3245.6亿元，同比2016年增长近1倍。2017年重庆住宅销售面积达到5452.65万平方米，同比2016年增长6.8%，销售额突破3600亿元，创下历史新高。

3. 保障房投资和建设情况

住房保障是重大的民生工程和发展工程。自2008年我国开始大规模实施保障性安居工程以来，四大直辖市都加快推进住房保障体系和供应体系建设，并探索形成了各自的模式和特点：

（1）"北京模式"

近年来，北京稳步实施保障性安居工程，保障房投资规模迈向新台阶，配租和保障范围不断扩大。2017年保障房投资851.6亿元，是2007年的1.9倍，占房地产开发投资的22.7%，较2007年提高17.8个百分点。截至2017年，累计建设筹集公租房20万套，完成配租15.76万套，明确将"新北京人"纳入保障范围，累计为非京籍家庭分配公租房1.1万套。公租房补贴累计发放2.32万户、5.42亿元；市场租赁住房补贴累计发放

4.97 万户、14.51 亿元。

与此同时，北京着力推进保障房制度体系和长效机制建设，具有首都特色的住房保障制度更加完善。回顾保障房的发展历程，产权类保障房[1]曾出现过经济适用房、限价商品住房、定向安置房、自住型商品房和共有产权房等类型，目前经济适用房和限价房建设规模逐步缩减，“十三五”期间在解决已有轮候家庭后，原则上不再新建，而共有产权房建设力度不断加大，从 2017 年到 2021 年北京将提供 25 万套共有产权住房，以满足无房家庭住房刚需。租赁类保障房主要指廉租住房和公共租赁房，2014 年起“并轨运行”，实行统一建设和管理。为落实中央“房住不炒”和租购并举的要求，北京加快培育和发展住房租赁市场，在充分保障租赁住房用地的基础上，探索通过在产业园区、集体建设用地上按规划建设租赁住房等多种方式增加租赁住房供应。

经过多年努力，北京保障房建设已经实现从量的增长到数量与品质并重的转变，保障房建设品质明显提高。2014 年 10 月起，在全国率先实现保障房绿色建筑行动、产业化 100% 全覆盖。积极落实装配式建筑发展新要求，新纳入建设计划的保障房项目全面推行装配式建筑。2017 年，北京正式实施公租房建设与评价地方标准、共有产权住房规划设计宜居建设导则和保障性住房预制装配式构建标准化技术要求，加强保障房标准化、规范化建设，目前规模已超 2200 万平方米。

（2）“上海模式”

经过多年实践，上海已建立起包括廉租房、共有产权保障房、公共租赁住房以及动迁安置房“四位一体”的住房保障体系。其中，廉租房是托底保障类型，按照“货币补贴为主、实物配租为辅、标准动态调整”的原则，对城镇户籍低收入住房困难家庭实行“应保尽保”，截至 2018 年 6 月底，廉租房累计受益家庭达 12.1 万户；共有产权保障住房自 2010 年正式启动，房源主要偏向中心城区的居民，截至 2018 年 6 月底，总计签约购房家庭达到 13 万户左右；公租房主要是为了解决青年职工、引进人才等常住

[1] 以保障房有无产权为标准，本书将保障房分别产权类和租赁类。

人口阶段性居住困难，截至 2018 年 6 月底，累计供应房源约 12.5 万套；“十三五”期间，上海还将完成中心城区二级旧里为主的房屋改造 240 万平方米，补偿安置由实物安置向货币和实物并举转变。

在保障房建设过程中，上海坚持打造“规划科学、配套健全、环境良好、工程优质”的大型居住社区，综合考虑靠近中心城区的东、南、西、北四个方向选址布局，方便居民的生活和出行需要。目前已有 38 个市属保障性住房大型居住社区基地开工建设，未来还将在闵行梅陇、浦东南汇城、青浦新城四站等地区规划新建大型居住社区，预计全部建成后，总共占地约 150 平方公里，可容纳人口 340 万人左右，将进一步丰富保障房地理分布。同时，上海从配套交通、养老设施建设等方面多措并举，着力提高社区公共服务设施配置水平，加快形成多元融合的城市社区。

作为全国最早进行共有产权房试点的城市之一，上海积累了不少可供复制和推广的有益经验。实际上，上海的共有产权保障房是从经济适用房演变而来的。2009 年《上海经济适用房管理试行办法》首次提出“有限产权”的概念，即购买家庭与政府共同拥有房屋产权，2011 年统一称为“共有产权保障房”。至今，上海已经先后五次放宽“双困”家庭的申请准入标准，收入限额从人均可支配收入 2300 元放宽至 6000 元，个人财产限额从人均 7 万元调整到 18 万元，且 2 人及以下家庭再放宽 20%。随着保障范围逐年扩大，上海共有产权保障住房已经形成年均新增 2 万户家庭的趋稳状态。

（3）“天津模式”

天津保障房建设一直走在全国前列，覆盖面较广。2003 年成立住房保障管理办公室，2009 年组建保障房建设投资公司，成为国内首个从事投资保障房建设的公司。截至 2017 年年底，天津累计开工建设保障房 82 万套、发放租房补贴 13.4 万户，享受住房保障家庭占城镇非农业户籍家庭的 30%，高于国家 20% 覆盖面的标准。2018 保障房建设规模继续加大，全年计划建设新开工棚改安置房 2 万套，基本建成 2 万套，新增租房补贴 5000 户。

在加快保障房建设的同时，天津积极优化住房保障形式，健全完善

“发放三种补贴、建设三种住房”的制度框架，构建起“低端有保障、中端有支持、高端有市场”的住房供应体系。“三种住房”即公共租赁住房、经济适用住房、限价商品住房。“三种补贴”即廉租住房实物配租补贴、廉租住房租房补贴、经济租赁房租房补贴。为保证租房补贴收入准入线与城市居民可支配收入增幅保持联动，天津已经连续7年上调租房补贴标准。2018年租房补贴收入准入线相应提高9%，廉租住房实物配租补贴由家庭上年人均月收入低于1150元调整为1250元，廉租住房租房补贴由1600元调整到1750元，经济租赁房租房补贴由3050元调整到3300元。

（4）“重庆模式”

重庆保障房建设由来已久，早在2001年重庆就开始审批经济适用房项目，2002年建立廉租房制度，2010年推出公租房兴建计划，与原有的廉租房、经济适用房、危旧房和棚户区改造安置房、城中村改造安置房、农民工公寓形成“5+1”保障性住房体系，力争实现城市低收入群众住房保障“全覆盖”。自推行保障房制度以来，重庆保障房供地面积已达到住宅供地面积的10%左右，明显增加了住宅供应规模。如果按照保障房人均20平方米左右的标准计算，重庆累计保障房供应至少可满足约200万低收入人群的住房需求，住房保障体系对中低端住房需求形成了明显的替代效应。

重庆公租房不仅体量巨大，且均位于交通便利、配套成熟的地区，这是其他城市无法比拟的。从体量上看，2011年重庆公租房开工建设量达到21.92万套，居全国之最。截至2017年，公租房累计竣工投用56.6万套，分配使用公租房54.3万套，为130万住房困难群体圆了新房梦。2018年至2020年，重庆每年将提供2万套公租房面向符合条件的保障对象分配。从规划布局上看，公租房地理位置十分优越，如在主城区的公租房一般布局在内外环线之间的人口聚集区之中，与商品房住户有机融合在一起，有效避免了社会阶层隔离。公租房建设也完全参照商业楼盘的标准，学校、医院、商店等配套设施一应俱全。

二、房地产投资效益比较

为比较四大直辖市房地产投资效益，我们选取投资效果系数和固定资产交付使用率这两个比较常用的评价指标。

（一）房地产投资效果系数明显偏低

房地产投资效果系数是指每投入一个单位房地产投资所新增的地区生产总值，直接反映了房地产投资运用的宏观效果。我们以 2012 年到 2016 年四大直辖市房地产业投资和地区生产总值增量为基础数据，计算房地产投资效果系数，结果表明四大直辖市房地产投资效益偏低（详见表 4-10）。2012—2016 年，北京、天津和重庆房地产投资效果系数平均值都是 0.03，与全国平均水平基本一致，而上海略高一些，为 0.07。

表 4-10　2012—2016 年四大直辖市房地产投资效果系数

年份	北京	上海	天津	重庆
2012	0.05	0.03	0.02	0.06
2013	0.02	0.09	0.03	0.04
2014	0.00	0.06	0.01	0.02
2015	0.02	0.05	0.02	0.01
2016	0.05	0.12	0.06	0.02

房地产业作为国内很多城市的支柱产业，具有典型的“高投入、低产出”特征。以北京为例，2006 年以来，北京房地产业占第三产业投资比重超过六成，但投资效果系数长期处于低位。2017 年北京房地产投资效果系数为 0.02，这意味着每投入 100 元的房地产投资额仅能带来 2 元的地区生产总值增量。而且北京房地产投资效果系数呈现波动中下行的趋势，2014 年筑底回升后，2017 年再次走低。

（二）房地产业固定资产交付使用率趋于下降

房地产业固定资产交付使用率是指一定时期房地产业新增固定资产与

同期完成投资额的比率，是反映房地产投资动用速度、衡量投资效益好坏的指标之一。我们以 2006 年到 2016 年四大直辖市房地产业新增固定资产投资（不含农户）和房地产业固定资产投资（不含农户）为基础，计算房地产业固定资产交付使用率，结果表明四大直辖市房地产投资效益均趋于下降（详见表 4-11）。北京房地产业固定资产交付使用率整体处于下行态势，特别是 2009 年以来持续低于其他三个直辖市，2016 年降至 34.2%，分别低于上海、天津和重庆 7.8、14.3 和 13.2 个百分点。上海和天津房地产业固定资产交付使用率也呈现下降趋势，2016 年分别为 41.9% 和 47.3%，较 2006 年分别减少 37.2 和 49.4 个百分点。重庆房地产业固定资产交付使用率整体波动不大，2012 年以来呈现稳中趋降态势，其中 2016 年为 48.5%，较 2015 年减少 3.3%。

表 4-11　2006—2016 年四大直辖市房地产业固定资产交付使用率（单位:%）

年份	北京	上海	天津	重庆
2006	66.0	79.1	96.8	57.4
2007	56.6	75.4	97.9	44.7
2008	63.0	66.2	76.8	46.7
2009	48.5	60.7	81.5	55.8
2010	35.9	49.4	66.8	48.3
2011	32.6	61.5	97.8	54.8
2012	32.8	58.2	72.0	59.1
2013	32.9	48.8	70.6	53.9
2014	42.3	49.2	55.3	47.2
2015	39.1	54.5	67.6	51.8
2016	34.2	41.9	47.3	48.5

数据来源：国家统计局数据。

三、小结与启示

通过对四大直辖市房地产投资规模、结构与效益等进行横向比较，可以直观了解到四大直辖市在房地产投资方面的相同点和不同点。更为重要的是，以其他三大直辖市为对标，可以深入探究北京房地产投资存在的问题以及不足，其他直辖市的一些有益经验和做法也为北京优化房地产投资结构、提升房地产投资效益提供了参考和借鉴。

（一）北京房地产开发投资存在的突出问题

1. 北京对房地产开发投资依赖程度仍然较高

房地产开发投资占全市投资比重较高，是北京投资的特点之一。虽然近年来全市投资对房地产投资依赖程度有所下降，但仍处于较高水平。2017 年北京房地产开发投资占全社会固定资产投资的比重为 41.9%，比全国平均水平高出 24.7 个百分点，直辖市中分别高出重庆和天津 19.0 和 22.1 个百分点。由于房地产行业受经济环境和政策调控等因素影响较大，房地产开发投资易产生波动，对其依赖程度高容易引起全市投资的波动，也难以对产业结构调整发挥先行支撑作用。

2. 房地产开发投资中费用占比偏高

从北京房地产开发投资内部结构看，费用类投资始终占到半壁江山，而对实体经济拉动作用最直接有效的建安类投资占比明显偏低，这也是导致房地产投资效益低的重要原因之一。长期以来，北京土地购置费占房地产开发投资比重在四大直辖市中遥遥领先，“十二五”期间北京土地购置费占比平均为 40.3%，分别高出上海、重庆和天津 17.7、22.6 和 28.4 个百分点。同时，北京土地购置费占比总体呈现上涨趋势，2017 年占比为 46.6%，较 2012 年提高 11.6 个百分点。如果这种趋势不扭转，北京房地产效益将很难有实质性的提升。

3. 减量发展背景下土地供应面临新挑战

从以往实践看，适度增加土地特别是住宅用地供应是稳房价的关键。2010 年启动限购以来，调控政策偏重于抑制需求，而房价上涨压力仍较大，这是供给不足的直接证明。当前稳房价的压力依然存在，保持一定规模的住宅用地供给是必要的。但另一方面，北京进入减量发展的新阶段，未来建设用地规模将逐步缩减。这就加剧了土地供应的压力，如何在增加供给和建设用地紧张之间做出权衡，如何在土地空间资源减量基础上实现高质量发展等问题是需要认真审视和解决的。

4. 房地产行业资金风险增强

房地产作为资金密集型行业，具有前期投资较大、开发周期较长、企业销售回款较慢等特点。在北京楼市调控趋严的背景下，房企资金链持续收紧，海外发债规模显著扩张。2017 年，房企项目到位资金较 2016 年下降 13.2%，其中，金融贷款下降 9.4%，自筹资金下降 12.5%，利用外资增长 15.8 倍。此外，与其他直辖市相比，北京房企资产负债率偏高。国家统计局数据显示，2016 年北京房企资产负债率达到 78%，而上海、重庆和天津分别为 75.8%、73.6% 和 75.8%。

5. 房地产领域民间投资活力有待提升

在当前土地市场，大型国企和国资房企已成为拿地主力。中原地产数据显示，2018 年前三季度，全国 50 宗高价住宅地块总价约 2384 亿元，国资占比达 67.3%；非国企主导房企投入资金为 769.15 亿元，占比 32.7%。而成交价超过 45 亿元的住宅地块共有 21 幅，全部由国资或有国资入股的房企获得。这一问题在北京亦十分突出。如保障房、安置房项目基本上都是由本地国有企业承担，民营企业投资空间被明显压缩。这不仅导致民间投资活力不足，也会影响房地产投资质量和效益的提升。

（二）对北京房地产开发投资提出的对策建议

1. 减少对房地产行业的依赖

实体经济是国民经济的基础，也是北京城市功能的重要支撑。要不断巩固提升实体经济能级，防止资源、资金、资产脱实转虚，防止产业结构形态虚高。要改变拉动经济增长的行业，大力发展服务业、新能源、环保等产业，减少对房地产行业的依赖。鼓励房地产业向中介服务、房屋出租、物业管理、信托投资等行业转型，引导房地产开发从依靠土地和资金的“重资产”运营模式向注重经营优势和品牌输出的“轻资产”模式转变。

2. 稳定增加住房供给

房地产调控不能只看房价，而应更多关注引起房价变化的市场供需情况，如果供给不能满足需求，仅通过限购或者限贷等方式从需求端抑制房价，短期来看可能有效，但长期而言却是无效的。从历史数据来看，北京住房供给与价格中长期的负相关关系显著。因此要稳定房地产市场，必须适度增加住房供给。要扩大商品住房市场有效供应，增强政府市场调控能力；增加共有产权房与中小套型普通住房供应，满足居民自住需求；加强保障性住房建设，提升基本居住需求保障水平。

3. 调整和优化供地结构

合理确定建设用地供应规模和结构，鼓励优化利用存量建设用地。以国有低效存量产业用地更新和集体产业用地整治改造为重点，促进产业转型升级。创新产业用地出让方式，探索持有物业型产业发展模式、缩短工业用地出让年限等灵活出让方式。创新集体建设用地政策，探索多种建设模式。健全政策机制，增加中心城区和新城居住用地供应。加强土地储备工作，合理安排城镇居住用地和集体建设用地供应时序，加强住房建设计划管理。

4. 谨防房地产市场风险

综合利用税收、金融信贷等政策措施，坚决抑制投资投机性行为，防止房地产市场大起大落。坚持“房子是用来住的，不是用来炒的”定位，将稳定 房地产市场作为长期方针，严格商品住房管控，防范泡沫和风险。综合运用政策工具，规范二手房交易市场。加强综合监管执法，严肃查处开发、建设、销售、中介等环节的违法违规行为。及时回应社会关注，主动解决政策市场形势，合理引导社会预期。

（执笔人：贾硕）

第五章　四大直辖市民间投资比较研究

一、引言

改革开放40年民营经济蓬勃发展，对我国国民经济持续快速增长、增加就业、改善民生发挥了重要的作用。然而，2016年以来我国许多省市民间投资增速出现下滑，北京更是首次出现了-5.6%的负增长，2017年依旧延续-4%的负增长。与此同时，津、沪、渝三个直辖市民间投资却保持着相对较高的增速：2016年津、沪、渝民间投资增速分别为7.6%、11.9%和11%和；2017年津、沪、渝民间投资增速依次为4.6%、13.5%[1]和13.5%。同为直辖市，京、津、沪、渝在政策权限等方面具有较强的相似性。其中，在经济发展水平、经济结构等方面京、沪的相似度更高。2017年，按常住人口计算的北京市人均地区生产总值为12.9万元，上海市为12.46万元，遥遥领先全国5.97万元的平均水平；从经济结构看，北京市三次产业增加值占地区生产总值的比重分别为0.4%、19%和80.6%，上海市分别为0.3%、30.7%和69%，与全国7.9%、40.5%和51.6%[2]相比，京、沪率先进入了后工业化发展阶段，服务业已成为两市最重要的经济支柱。然而2016年以来，北京却与上海、天津、重庆三个直辖市在民间投资走势上出现了明显的差异。本研究拟通过剖析导致北京与天津、上海和重庆民间投资走势差异的原因，为促进北京市民间投资平稳运行提出对策建议。

---

[1] 北京市数据来自北京市统计局，上海市数据来自《2017年上海市国民经济运行情况》。

[2] 北京市数据来源于《北京市2017年国民经济和社会发展统计公报》，上海市数据来源于《2017年上海市国民经济和社会发展统计公报》，全国的数据来源于《中华人民共和国2017年国民经济和社会发展统计公报》。

二、文献综述

目前研究国内研究民间投资的文献较多，大致可以分为三类：一是研究政府投资对民间投资是具有挤出效应还是挤入效应。如：陈时兴（2012）运用 IS-LM 模型对中国 1980—2010 年政府投资、民间投资、收入、税收等数据分析，认为政府投资对民间投资存在部分挤出效应和部分挤入效应，但总体上看，累积挤出效应不存在，因此促进民间投资增长持续增长需要内生机制。二是研究民间投资与政府投资对经济增长的刺激效果。如：陈朝龙等（2014）对政府投资、民间投资与 GDP 关系进行定量分析，认为短期内政府投资作用有限，民间投资对经济的拉动作用大于政府投资；从长期看，政府投资对经济稳定增长的作用大于民间投资。三是研究导致中西部省份与东部省份民间投资差距的原因，如：金上（2002）、李海燕（2005）、李苑（2006）等研究认为良好的投资环境、更高的产业集聚度是导致东部省份民间投资显著高于西部省份的重要原因。目前看，对我国四大直辖市之间民间投资比较研究的文献较为鲜见。本研究以京、津、沪、渝民间投资为研究对象，通过对比分析四大直辖市民间投资总量、结构以及民间投资政策等，剖析导致近年四大直辖市民间投资走势出现差异的原因。

三、四大直辖市民间投资现状比较

（一）“十二五”以来四大直辖市全社会固定资产投资持续递增

研究四大直辖市民间投资，有必要先对四大直辖市全社会固定资产投资进行比较。对比 2011—2017 年相关数据发现：

1. 四大直辖市全社会固定资产投资稳步递增

“十二五”以来，四大直辖市的全社会固定资产投资稳步增长，投资规模排名依次为重庆、天津、北京和上海。2011—2017 年，重庆市完成全社会固定资产投资由 7685. 9 亿元增长至 17441 亿元；天津市由 5761. 1 亿元增长至 11274. 7 亿元；北京市由 5910. 6 亿元增长至 8949. 4 亿元；上海市由 5067. 1 亿元增长至 7246. 6 亿元。

2. 四大直辖市全社会固定资产投资增速差异显著

京、渝全社会固定资产投资增速呈现出下降趋稳的态势。2011—2017 年，北京市全社会固定资产投资增速从 13. 3% 下降到 5. 7%；重庆市全社会固定资产投资增速由 10. 8% 下降至 9. 5%。天津表现出增速下降的态势。2011—2017 年天津市全社会固定资产投资增速由 31. 1% 下降至 0. 5%。上海全社会固定资产投资增速表现出上升的态势。2011—2017 年上海市全社会固定资产投资增速由 0. 3% 上升至 7. 3%。

3. 房地产业和基础设施是四大直辖市共同的投资重点

北京市全社会固定资产投资主要集中在房地产开发和基础设施两个领域，2017 年两个领域占全市投资的比重分别为 41. 9% 和 33. 4%。上海市全社会投资主要集中在房地产开发、基础设施均和工业领域，2017 年三者占比分别为 53. 2%、23. 5% 和 14. 2%。重庆全社会投资的主要集中在基础设施、制造业和房地产开发三个领域，2017 年三者的投资占比依次为 32. 4%、30. 1% 和 22. 8%。天津市全社会投资主要集中制造业、基础设施和房地产业三个领域，2017 年三者投资占比分别为 30. 8%、19. 8% 和 19. 8%。

（二）四大直辖市民间投资走势出现分化

1. 北京市民间投资出现持续负增长

2012—2017 年北京市民间投资出现“倒 V”型走势。其中，2012—2015 年北京市完成民间投资由 2087. 1 亿元增长至 3296. 2 亿元，年均增速达 11. 4%；2016—2017 年北京市完成民间投资分别为 2766 亿元和 2654. 4 亿元，投资增速分别为 -5. 6% 和 -4%，占全市固定资产投资的比重由

32.7%下降至29.7%。

2. 津、沪、渝民间投资持续快速递增

2012—2017年，天津市完成民间投资由3433.3亿元增长至7092.2亿元，同比分别增长32.8%和4.6%，占全市固定资产投资的比重由44.2%增长至62.9%。2016—2017年，上海市分别完成民间投资2394.1亿元和2717.3亿元，同比分别增长11.9%和13.5%，占全市固定资产投资的比重由35.4%增加到37.5%。2012—2017年，重庆市完成民间投资由4041.6亿元增长至9523亿元，同比分别增长25.9%和13.5%，占全市固定资产投资的比重由55%下降至54.6%。

（三）四大直辖市民间投资结构差异显著

1. 房地产开发是北京民间投资的“重头戏”

北京市民间投资主要集中于第三产业中的房地产开发领域。2015年以来，房地产开发民间投资占北京市民间投资的比重一直在80%以上。2017年，北京市民间投资中三次产业投资比重分别为0.1%、3.7%和96.1%。在我国统计涵盖的19类行业中，2017年北京市民间投资中房地产开发部分占比达到84.4%，其他占比超过1%的行业有：信息传输、软件和信息技术服务业（4.2%）、制造业（3.4%）、交通运输、仓储和邮政业（2.5%）、租赁与商务服务业（1.8%），余下的14类行业占比之和为3.7%。

2. 上海市民间投资主要集中于房地产开发和工业领域

房地产开发是上海市民间投资的第一大领域，且比重逐年增加。2015年上海市房地产业民间投资占全市民间投资的比重为76.5%，2017年增长至79.8%，较2015年增加了3.3个百分点[1]。工业投资是上海市民间投资的第二大领域，近年来工业民间投资占上海全市民间投资的比重保持在10%左右。

---

[1] 数据来源：上海市统计局。

3. 重庆市民间投资主要集中于工业和房地产开发领域

虽然重庆市统计局没有发布关于重庆市民间投资结构的数据，但是从重庆市官方公告中可以了解到，工业、房地产开发是重庆市民间投资主要领域。2016 年 1—3 季度，重庆市完成民间投资 6155. 32 亿元，同比增长 12. 0%；其中，完成工业民间投资 2899. 65 亿元，同比增长 25. 2%；完成房地产开发民间投资 1741. 74 亿元，同比增长 3. 0%[1]；工业民间投资和房地产开发民间投资之和占重庆全市民间投资的比重高达 75. 4%。

4. 天津市民间投资领域广阔，结构较为均衡

在四大直辖市中，天津市的民间投资结构相对均衡，主要的投资领域包括制造业、房地产业、租赁和商业服务业、批发和零售业。2013—2016 年，制造业民间投资在全市民间投资所占份额出现持续下降；房地产业民间投资在全市民间投资所占的份额基本维持在 20% 左右；租赁和商务服务业民间投资、批发和零售业民间投资所占的份额在持续增加。2016 年，占天津全市民间投资比重超过 5% 的行业有：制造业（34. 7%）、房地产业（19. 7%）、租赁和商务服务业（11. 6%）、批发和零售业（9. 6%）、水利、环境和公共设施管理业（6. 6%）。

四、四大直辖市民间投资走势分化原因分析

（一）房地产投资显著差异是北京与津、沪、渝民间投资走势分化的根本原因

1. 房地产投资持续下降导致北京市民间投资持续走低

北京市民间投资 80% 以上集中于房地产开发投资，房地产投资的走向决定北京市民间投资走向。2016 年以来随着房地产调控政策的收紧，北京

[1] 杨波．民间资本撤离传统行业青睐现代服务业 [N]．重庆晚报，2016-10-20 (04).

市土地供给数量和面积出现大幅下降：2016 年北京市成交住宅用地 15 宗，较 2015 年下降了 70%，规划建设面积 219.9 万平方米，较 2015 年减少 74%，直接导致 2016—2017 年北京市房地产开发投资同比分别下降 4.3% 和 7.4%，这是 2016—2017 年北京市民间投资持续下降的根本原因。

2. 上海市房地产投资稳步增长，带动民间投资稳步递增

受 2016 年以来房地产调控政策影响，上海市的土地供给数量和面积也出现了下降，但减少的幅度远低于北京。2016 年上海市成交住宅用地 82 宗，较 2015 年下降了 32.8%，规划建设面积 678.6 万平方米，较 2015 年下降 46.4%[1]。为此，2016—2017 年上海市房地产开发投资同比分别增长了 6.9% 和 4%。京、沪房地产开发投资的风化是 2016 年以来京沪民间投资显著差异的重要原因。

3. 重庆市房地产开发民间投资稳步递增，带动重庆市民间投资稳步增长

与北京相比，重庆市房地产开发中的民间投资占全市民间投资的比重相对较低，长期维持在 30% 左右。然而房地产开发民间投资占重庆市房地产开发总投资的比重却又高达 80% 左右[2]，因此重庆市房地产开发民间投资的走势决定着重庆市房地产开发的走势。2016 年重庆完成房地产开发投资 3726.7 亿元，2017 年为 3980.08 亿元，同比增长 6.8%。

4. 天津市民间投资房地产业处于稳步增长的态势

从绝对数来看，2013 年天津市完成房地产开发民间投资 1019.6 亿元，2016 年增长至 1611 亿元，年均增长 3.9%。近年来，房地产开发民间投资占天津全市民间投资的比重较为稳定，2013 年房地产开发民间投资占天津全市民间投资的比重为 20%，2016 年降低至 19.7%。

---

[1] 数据来源：中指数据库。

[2] 重庆市统计局尚未公布民间投资房地产开发的数据，此处数据来自重庆市综合经济研究院估算。

（二）工业领域民间投资差异对京、津、沪、渝民间投资风化起到推波助澜的作用

1. 主动调整产业结构导致北京工业民间投资持续下降

为落实北京市城市功能定位要求，2014 年北京市正式颁布了《北京市新增产业的禁止和限制目录》（以下简称《产业禁限目录》），2015 年、2018 年进行了两次修订。在《产业禁限目录》中，采矿业、制造业（研发、设计、采购、营销、技术服务、财务等非生产制造环节除外）等产业明确被列为北京市禁止新建和扩建的产业，限制和禁止新增投资的行业占全部行业种类的比重达到 55%，民间资本投资活跃的传统行业基本都被列入了禁止或限制范畴。以工业投资为例，2014 年北京民间投资中的工业投资占比为 7.5%，2016 年、2017 年下降至 3.5% 左右。大量传统产业被禁止新增投资，高精尖产业尚在培育过程，北京市“腾笼换鸟”主动调整产业结构是近年北京民间投资下降的重要原因。

2. 支持制造业升级改造助力上海市工业领域民间投资稳步递增

2015 年以来上海民间投资中的工业投资比重始终保持在 10% 左右[1]。与北京市严格限制工业投资相比，2018 年 4 月上海市发布了《深入推进技术改造巩固提升实体经济能级三年行动计划（2018—2020 年）》，鼓励制造业技术升级改造，2018 年计划推进 1700 项技术改造项目，打造 200 个示范项目，努力实现技术改造投资同比增长 10% 的目标。

3. 集群发展模式成为重庆市工业领域民间投资快速增长的关键

重庆市已形成全球最大电子信息产业集群和国内最大汽车产业集群，战略性新兴产业蓬勃发展[2]。例如：2006—2011 年重庆汽车工业总产值、利税总额、汽车产量增长均在 3 倍以上，形成了上千家汽车零部件配套企

---

[1] 上海市房地产开发民间投资占比和工业领域民间投资占比数据均来自上海市发展改革研究院。

[2] 引自中华人民共和国中央人民政府网 http：//www. gov. cn/guoqing/2018-01/15/content_5256794. htm.

业为支撑的汽车产业集群，成为我国最重要的汽车产业基地之一。正是由于这种完备的产业集群发展模式，国内外大量资源聚合至重庆，形成产业虹吸效应。这种产业虹吸效应一旦形成，又会给外部良好的发展预期、加速各种资源特别是先进技术和产业资本的聚集，这是近年来重庆市工业民间投资持续快速增长的重要原因。另外，2013 年起开通的“渝—新—欧”专列对重庆市制造业发展来说更是“如虎添翼”，对重庆市工业民间投资快速增长起到带动作用。

4. 环保监管严格是天津市工业领域民间投资下滑的重要因素

为治理京津冀地区空气污染，京津冀加强了生态领域协同力度，强化环保监管，区域内的石油化工、一般制造业等高污染行业新增投资受到严格的限制。在此背景下，近年来天津市石油化工领域民间投资明显放缓，天津市制造业领域民间投资占全市民间投资的比重显著下降。2013—2016 年天津市完成民间投资制造业由 2457. 6 亿元增长至 2837. 4 亿元，占全市民间投资的比重由 48. 2% 下降至 34. 7% 。

（三）PPP 项目整顿导致四大直辖市民间投资基建项目短期内出现减少

2017 年 11 月 16 日，财政部发布《关于规范政府和社会资本合作（PPP）综合信息平台项目库管理的通知》，要求各地集中清理入库的 PPP 项目，规范 PPP 项目运作。从全国层面看，PPP 项目无论是总入库数还是处于初始阶段的识别项目数，均出现持续减少。根据财政部统计，截至 2017 年 4 月底被退库或整改的 PPP 项目数量和金额分别占总数的 51% 和 36% 。PPP 规范化管理要求，也在一定程度上影响了近期京沪民间投资基建项目数量和后备项目储备。

（四）一产和三产（房地产除外）的民间投资差异显著

1. 京、沪一产和三产（房地产除外）民间投资较为稳定

2014—2017 年，北京市第一产业的民间投资占全市民间投资的比重由

0.8%下降至0.1%，第三产业（房地产除外）的民间投资占全市民间投资的比重由9.8%增加到11.6%，二者之和基本维持在10%左右。2014年以来，上海市第一产业和第三产业（房地产除外）的民间投资占全市民间投资的比重同样长期保持在10%左右。由于这两者比重较小且相对稳定，对近年来京沪民间投资的变化影响较小。

2. 津、渝一产和三产（房地产除外）民间投资稳步递增

近年天津市第一产业和第三产业（房地产除外）民间投资占全市民间投资的比重持续递增，对全市民间投资持续增长发挥了重要的作用。2013年天津市一产和三产（房地产除外）民间投资占全市民间投资的比重为31%，2016年增长至44.5%。与天津相似，重庆市一产和三产（房地产除外）民间投资在全市民间投资的比重持续递增。2016年1—3季度重庆市第一产业和第三产业（房地产除外）民间投资占全市民间投资的比重为24.6%，2017年1—3季度增长至30%左右[1]。

（五）北京市“高精尖”产业民间投资虽有增长但占比依然较低

从2014年开始，北京一方面启动了疏解不符合首都功能定位的产业，另一方面着力发展“高精尖”产业。然而产业转型升级不是一蹴而就的，在新的经济增长点尚未培育成熟的阶段势必会出现青黄不接的现象，例如：高精尖产业民间投资增长难以平衡传统产业民间投资的下降。如：2018年一季度北京市重点领域民间投资增势较好，高技术制造业的民间投资同比增长52%，信息服务业的民间投资同比增长4.4倍，租赁和商务服务业的民间投资同比增长11.2%，基础设施领域的民间投资同比增长3.5倍；然而，由于房地产民间投资同比下降16.5%，2018年一季度北京市民间投资同比依然下降11.2%[2]。

---

[1] 2016年1—3季度数据是根据2016年10月20日《重庆日报》报道计算所得，2017年1—3季度数据根据重庆市统计局数据计算所得。

[2] 数据来源：北京市统计局。

五、四大直辖市民间投资面临的宏观形势分析

（一）国际贸易环境悄然变化

美国单方面挑起的中美贸易摩擦，对中国出口影响不可小觑。一是美国严格限制对中国出口高技术产品，压制中国高精尖产业发展，为中国敲响警钟。以芯片为例，2018 年年初美国政府一纸禁令导致中兴公司停产数月，深刻暴露我国高精尖产业发展瓶颈。二是美国对中国输美产品加征关税，暴露出我国出口商品的可替代性。从 2018 年 3 月美国所谓 301 调查开始，美国对中国一再施压，对中国输美产品加征关税。据美国商务部统计，2017 全年美国自中国进口 5056.0 亿美元，占美国进口总额的 21.6%。电机、机械、家具、玩具、服装、皮革箱包等工业品是中国出口美国的主要商品，美国单方面敢于挑起对占进口总额 1/5 强的国家加征高额关税，一定程度上暴露出我国输美产品的可替代性逐渐增加。三是美国与加拿大、墨西哥最新签订的自贸协定以及美国与欧盟、日本拟重新签订的贸易协定都将对中国出口带来影响。例如：新签署的“美国-墨西哥-加拿大协定”要求，如果某成员与其他所谓非市场经济国家开启贸易谈判，需要获得其他成员的批准。所谓非市场经济国家几乎确定指的是中国[1]。国际贸易环境悄然转变将对我国制造业带来不利影响，而制造业又是我国民间投资的主要领域，直接影响民间投资。

（二）国内金融防风险与精准施策并行

2017 年年底中央经济工作会议明确将防范化解重大风险作为今后三年决胜全面健身小康社会的三大攻坚战之首，其中重点是防控金融风险。从宏观层面看，当前我国最大金融风险是地方政府和国有企业杠杆率较高的结构性风险以及经济增速逐渐下行所可能引发的债务偿还风险；从中观层

---

[1] 陈鹏．美要与英欧日开谈贸易协定［N］．参考消息，2018-10-18（1）．

面看，我国金融风险是金融业跨行业、跨市场、跨区域的交叉传染风险；从微观层面看，我国金融风险主要体现为金融机构的自身风险[1]。由于防控金融风险，因此未来三年我国将会持续执行稳健中性偏紧的货币政策。与此同时，为服务实体经济，改善小微企业的金融服务，2018 年以来我国在总体实施稳健货币政策的基础上，通过降低存款准备金率等措施精准施策，努力降低中小企业融资成本，促进民间投资。

（三）中央为民营经济发展定调，助力民营经济发展

2018 年下半年，党中央、国务院对发展民营经济定调，为破解当前民营经济发展各类难题指明方向。9 月 27 日，习近平总书记在辽宁忠旺集团考察强调："我们毫不动摇地发展公有制经济，毫不动摇地鼓励、支持、引导、保护民营经济发展。现在的很多改革举措都是围绕怎么进一步发展民营经济，对这一点民营企业要进一步增强信心。我们要为民营企业营造好的法治环境，进一步优化营商环境。"10 月 20 日，习近平在给"万企帮万村"行动中受表彰的民营企业家回信时指出，支持民营企业发展，是党中央的一贯方针，这一点丝毫不会动摇。党中央明确指出公有制经济和民营经济是并列而不是对立关系。党中央、国务院对发展民营经济的密集表态，有助于消除民营企业和地方政府部门、金融机构存在的疑虑，有助于破解当前束缚民营经济发展的贷款、土地、"玻璃门"等难题，助力民营经济健康平稳发展。

（四）深化服务业扩大开放为北京民间投资带来新机遇

2015 年 6 月，国务院批准北京市开展为期三年的服务业扩大开放试点，2017 年 6 月国务院再次批复《深化改革推进北京市服务业扩大开放综合试点工作方案》（以下简称《方案》），北京市服务业扩大开放进入了新的阶段，北京迎来了重要的发展机遇。《方案》提出的新一轮共 10 条放宽外资准入清单，具体有：航空运输、其他建筑业、文化艺术、银行业、人力资源服务业、广播电视电影音像业、企业管理服务、法律服务、医学研

---

[1] 童道池．当前金融风险的主要表现形式［N］．学习时报，2018-06-29.

究与试验发展等，相比第一批开放清单，新增加了四个行业。服务业重点领域开放程度的不断扩展，在吸引外资的同时，也有利于更多的社会资本投向生活性服务业。

六、对策建议

（一）培育优化科技创新产业集群

作为全国科技创新中心，北京市将科技创新产业作为产业结构调整的方向以及未来经济发展的重要引擎。一是解放思想，尊重人才，按劳分配。现有的收入分配制度、科研管理制度已成为束缚科研人员积极性和创造性的主要障碍，进一步解放思想，实事求是，尊重人才是激发我国科技创新腾飞的法宝，也是纪念改革开放 40 年最好的礼物。二是加快推进北京市“三城一区”（中关村科学城、怀柔科学城、未来科学城和北京经济技术开发区）建设，助力高精尖产业发展。探索收益分配共享机制，促进“三城一区”产、学、研深度融合，以我国高精尖产业发展需求（如：新一代信息技术产业、高档数控机床和机器人、航空钢铁装备、海工装备、高铁、新能源汽车、农业机械、电力装备、新材料、生物医药和医疗器械等）为研究导向，推动科研成果及时在“一区”以及我国更广阔的制造业聚集区转化。三是深入推动京津冀区域协同发展，构筑科技创新产业集群。按照市场机制，鼓励民营企业和国有企业公平竞争对接科技成果转化，既可充分体现科技成果价值，又可发挥民营经济效率高的优势，加快科技成果转化，加快形成科技创新产业集群。

（二）加快制造业升级步伐

中美贸易摩擦，客观上既反映出我国高精尖产业发展受制于人的现状，又暴露出我国出口产品具有极大的可替代性。随着国际贸易环境的变化，不论是制造业聚集区的天津和重庆，还是正处于构建“高精尖”产业的北京和上海，加快制造业升级、发展智能制造变得越来越紧迫。为此，一要以智能制造为导向，改造升级现有制造业，培育人工智能等新兴产业集群。二是优化利益分配机制，促进产、学、研深度融合，从根本上提升我国制造业的竞争力。三是鼓励民间投资科技成果转化服务业，搭建产业需求和创新成果转化的桥梁，提高科技成果转化效率。

（三）深化服务业扩大开放，做强做大服务业

一是牢牢抓住服务业开放试点机遇，在朝阳、顺义、海淀和通州四个试点区深入探索服务业开放新政策，并将试点区域内试行成功的政策（如：朝阳区在文化创新、金融服务、中医药服务贸易、生活服务、科技信息服务、商务服务六大重点领域共推出了33项试点政策措施）及时向本市其他区域复制推广，增强北京市服务业发展活力。二是进一步放宽服务业市场准入、改革监管模式，吸纳外资和民间资本参与北京市服务业升级。三是不断优化营商环境，努力形成与国际接轨的首都服务业扩大开放新格局，提升北京市服务业在全球的影响力和竞争力。

（四）不断优化营商环境

尊重市场，使生产要素按照市场规律自由流动配置，是我国改革开放的宝贵经验之一，是激发市场活力的重要法宝。民间投资属于市场经济行为，只有遵循社会主义市场经济规律才能实现企业、个人和国家效益最大化。一是地方政府应深入领会党中央关于“毫不动摇地鼓励、支持、引导、保护民营经济发展”指示，深入推进“放管服”改革，为市场经济平稳运行注入“润滑剂”，减少行政部门政令不通政策落实难等问题造成的“摩擦”。二是推进审批事项改革，持续优化营商环境。精简合并项目审批事项，缩短办理流程，下放项目备案管理权限，进一步优化投资环境。三是加大财政和金融支持力度。适时安排民营经济专项资金支持民间投资的技术改造、技术创新，精准实施金融政策，助力中小企业实体经济发展。

（五）切实开放基础设施等领域

虽然早在2014年5月国家发展改革委就发布过《关于发布首批基础设

施等领域鼓励社会投资项目的通知》（发改基础〔2014〕981 号），明确提出鼓励和吸引社会资本特别是民间投资参与 80 个涵盖铁路、公路、港口等交通基础设施建设。然而，在实际操作中，由于观念、企业资质、融资等原因，民营企业在进入基础设施领域时依然困难重重。亟须地方政府转变观念，消除政策及操作壁垒，切实开放基础设施、公共事业建设等领域，同时加强管理，制定规范稳定的项目操作流程，助力民间投资结构不断优化。

（六）理性认识投资增速放缓

改革开放以来，固定资产投资对于拉动我国经济增长发挥了重要的作用。然而，由于我国区域经济发展不均衡，处于经济发展不同阶段的区域，固定资产投资对经济增长的拉动作用已出现明显不同。以四大直辖市为例，京沪两市已提前进入工业化后期，津渝两地仍处于工业化阶段。按照经济发展规律，进入工业化后期，随着经济重心向第三产业的转移，固定资产投资需求会出现比工业化阶段明显下降的现象，这个阶段投资增速出现放缓乃至下降属于一种正常的经济现象。只有充分认识到这个规律，政府管理部门才能避免采取不必要的刺激投资措施，避免不必要的产能过剩。

（七）调整对民营经济指标的关注点

固定资产投资是以货币形式表现的、企业在一定时期内建造和购置固定资产的工作量以及与此有关的费用变化情况，包括企业用于基本建设、更新改造、大修理和其他固定资产投资等。按照市场经济规律，民间投资增减是民营企业自主做出的理性经济行为，政府不应过度关注民间投资数量的增减，而应该更多地关注民营企业净利润、民营企业纳税情况以及民营企业吸纳就业等指标，这些才是与全社会经济稳步增长、就业增长关系更为密切的指标。

（执笔人：马晓春）

参考文献：

［1］李迅雷．民间投资加速下行——原因何在，如何应对［N］．中泰证券，2017-11-16.

［2］刘树成．民间投资增速严重下滑与宏观经济波动［J］．中国工业经济，2016，11（11）：5-12.

［3］严先溥．第三产业占比持续上升意味着什么［N］．上海证券报，2014-9-26（10）．

［4］刘立峰．民间投资增速下滑现象透析［J］．宏观经济管理，2016，8（8）：38-42.

［5］陈时兴．政府投资对民间投资挤入与挤出效果的市政研究——基于1980—2010年的中国数据［J］．中国软科学，2012，10（10）：169-176.

［6］陈朝龙，杨庆．政府投资于民间投资刺激经济增长效果分析［J］．软科学，2014，7（7）：15-19.

［7］金上．温州与佛山民间投资的比较与借鉴［J］．上海商业，2002，12（12）：23-26.

［8］李海燕．我国民间投资的比较研究——以浙江、湖南、四川为例［J］．财经理论与实践，2005，9（9）：93-97.

［9］李苑，李明生．湖南与浙江民间投资比较研究［J］．长沙铁道学院学报，2006，12（12）：71-74.

［10］马晓春．北京市民间投资下滑原因探析［J］．经济界，2018，6（3）：28-33.

［11］何宗渝，韩振．重庆民间投资呈现“虹吸效应”［N］．中华工商时报，2017-4-17（1）．

［12］王观，刘泰山，尹晓宇，李坚，乔栋，方圆．国务院第四次大督查综述：重庆民间投资后劲不足［N］．人民日报，2017-8-4（3）．

第六章　四大直辖市基础设施投资比较研究

城市运行离不开基础设施，基础设施是城市高效运行和持续发展的重要物质基础，也是基本公共服务和民生保障的基本前提。基础设施投资的快速增长和城市化的高速推进，为经济增长创造了极为有利的环境。对北京、上海、天津、重庆四大直辖市来说，大规模的基础设施投资，促进了城市管理的改善，促使城市更加规模化、集聚化和专业化，加深了城市之间的联系，也加强了与世界的联系，成为经济增长的强大推动力。北京、天津、上海、重庆作为四大直辖市，在所属区域的经济和社会发展中发挥着重要作用。从北京的角度，通过比较其他直辖市基础设施投资的同与异，有利于更好地了解自身经济发展状况和基础设施投资建设规律。

本篇通过城市的视角展开对四大直辖市基础设施投资结构和效益的比较研究，力图找出四大直辖市的规律性，为政策制定、实施找到依据。

一、基础设施投资的界定

按照世界银行的定义，基础设施分为经济基础设施和社会基础设施两类。经济基础设施也被通称为狭义性基础设施，是指长期使用的工程构筑、设备、设施及其为经济生产和家庭所提供的服务。我国在经济活动和实践中，基础设施的统计口径基本等同于狭义性基础设施，根据《国民经济行业分类（2017）》，一般包括以下几个行业[1]（见表6-1）：

---

[1] 见国家统计局网站。另外，在国家统计局发布中基础设施投资数据时，一般把属于工业的电力、热力、燃气及水生产和供应业排除在外，统计口径限于第三产业中的基础设施投资数据。

表 6-1　国民经济行业分类

行业代码		行业名称	
D	44	电力、热力生产和供应业	电力、热力、燃气及水生产和供应业
	45	燃气生产和供应业	
	46	水的生产和供应业	
G	53	铁路运输业	交通运输、仓储和邮政业
	54	道路运输业	
	55	水上运输业	
	56	航空运输业	
	57	管道运输业	
	58	多式联运和运输代理业	
	59	装卸搬运和仓储业	
	60	邮政业	
I	63	电信、广播电视和卫星传输服务	信息传输、软件和信息技术服务业
	64	互联网和相关服务	
N	76	水利管理业	水利、环境和公共设施管理业
	77	生态保护和环境治理业	
	78	公共设施管理业	

基础设施投资就是对基础设施行业的固定资产投资。是指能够为企业提供作为中间投入用于生产的基本需求，能够为消费者提供所需的基本消费服务，能够为社区提供用于改善不利的外部环境的服务等建设的投资，包括固定资产投资中用于市政工程，电信工程，公共设施和水利环保等建设的投资。具体行业包括：电力、燃气和水的生产和供应业；交通运输业；邮政业；信息传输业；水利、环境和公共设施管理业等。

确定了基础设施投资的行业后，在统计核算中还要根据具体建设项目或单项工程来确定是否属于基础设施投资。

需要注意的是，四大直辖市基础设施投资的统计口径虽然全面覆盖了上述行业，但因为历史原因、统计习惯等因素，在具体分类时并不完全一致。

本篇研究的对象就是上述基础设施投资，这类投资形成的物质资本不仅直接参与生产过程，和经济增长有直接的关系，而且对非基础设施投资有挤入效应，同时还能降低生产和交换过程中的交易成本。

二、四大直辖市基础设施投资规模与结构分析

基础设施投资涉及水、电、气、热等市政设施建设，城市公共交通发展水平，道路整修、环境治理、垃圾处理、污水处理、园林绿化等市容环境建设等方方面面，无不与城市的生产、生活、运行息息相关。基础设施投资可以用实物量指标和货币量指标衡量，实物量的指标反映的是某一类基础设施投资的实体数量、如公路、地铁新增公里数，水利设施数量等，这样易于理解，但基础设施种类繁多，很难把各种基础设施投资投入分析，货币量指标是用资金来衡量基础设施的投入，消除了行业间的差别，可以放在一个平台进行分析比较。因此，本研究采用货币量指标展开分析，聚焦于四个直辖市基础设施投资总规模和分类投资规模、增速、占比等系列指标展开比较分析。

（一）基础设施投资规模比较

1. 基础设施投资额持续上升

按照前面给出的统计口径，分别比较四个直辖市2004—2017年基础设施投资，由于统计资料中没有各城市基础设施投资价格指数，而固定资产价格指数相关统计指标的起始年份不同，也很难进行折算后的横向比较。因此，这里比较的是基础设施投资的名义值（详见表6-2）。

表6-2　四大直辖市基础设施投资额（2004—2017年）（当年价：亿元）

年份	北京	上海	天津	重庆
2004	463.20	672.58	332.62	600.34
2005	610.65	885.74	420.80	668.59
2006	935.25	1125.54	518.16	853.28
2007	1175.83	1466.33	734.87	994.92

续表

年份	北京	上海	天津	重庆
2008	1160. 71	1733. 18	1040. 26	1203. 38
2009	1461. 99	2113. 45	1606. 83	1542. 57
2010	1403. 45	1497. 46	1673. 74	1911. 44
2011	1400. 23	1157. 34	1599. 67	1926. 30
2012	1789. 21	1038. 61	1905. 21	2404. 16
2013	1785. 73	1043. 31	2115. 14	2962. 09
2014	2018. 13	1057. 25	2206. 32	3386. 22
2015	2174. 53	1425. 08	2898. 13	4356. 14
2016	2399. 48	1551. 87	2716. 12	5660. 87
2017	2984. 20	1705. 22	2237. 35	5659. 11
累计	21762. 64	18472. 96	22005. 26	34129. 49

数据来源：《北京市统计年鉴》《上海市统计年鉴》《天津市统计年鉴》《重庆市统计年鉴》，上海、天津数据为城市基础设施投资额。

（1）四个直辖市历年基础设施投资额累计额排序依次为渝、津、京、沪，分别达到 34129. 49 亿元、22005. 26 亿元、21762. 64 亿元、18472. 96 亿元。同居直辖市地位，重庆在人口、市域面积、城市体量方面均为四个城市之首，其基础设施投资额远大于京津沪顺理成章。

（2）总体看，四个直辖市基础设施投资额呈上升态势。2016 年、2017 年，重庆和北京的基础设施投资总规模分别跃升至 5000 亿元和 3000 亿元量级，分列四个城市的前两位。

（3）随着基础设施投资不断增长，基础设施不断完善，为进一步改善四个城市的投资环境、扩大对外开放、增强城市综合功能创造了有利条件。

2. 基础设施投资增速差异较大

四大直辖市基础设施投资差异较大，见表 6-3 所示。

表 6-3　四大直辖市基础设施投资增速（2005—2016 年）（单位:%）

年份	北京	上海	天津	重庆
2005	31.8	31.6	26.5	11.3
2006	53.2	27.0	23.1	27.6
2007	25.7	30.2	41.8	16.6
2008	-1.3	18.2	41.5	20.9
2009	26.0	21.9	54.4	28.1
2010	-4.0	-29.1	4.1	23.9
2011	-0.2	-22.7	-4.4	0.8
2012	27.8	-10.2	19.1	24.8
2013	-0.2	0.4	11.0	23.2
2014	13.0	1.3	4.3	14.3
2015	7.7	34.7	31.3	28.6
2016	10.3	8.9	-6.2	29.9
年均复合增速	14.6	7.2	19.1	20.6

（1）2004 年以来，根据我们的计算结果，重庆年复合平均增速最快，往下为天津、北京、上海。各城市基础设施投资增速均呈现出较大的波动性，其中在 2010—2012 年间，上海出现了较大幅度的降速，其年复合平均增速在四个城市中也排名最尾。

（2）重庆、天津增速相对接近，年均复合平均增速相差 1.5 个百分点。上海、北京增速相对较低，但北京比上海的年均复合增速高出 7.4 个百分点。

（3）基础设施投资增速受宏观调控政策影响较大。2009 年国务院决定大规模增加政府投资，在两年内实施总额为“4 万亿”的投资计划，提升基础设施投资是此计划的题中之意，受此影响，四大直辖市基础设施投资增速在 2009 年均大幅上升，2010 年均大幅下降。

3. 基础设施投资占固定资产投资比重有升有降

四大直辖市基础设施投资占固定资产投资比重的变化如表 6-4 所示。

表 6-4 四大直辖市基础设施投资占固定资产投资比重（2004—2016 年）（单位:%）

年份	北京	上海	天津	重庆
2004	18.3	21.8	26.4	37.0
2005	21.6	25.0	27.7	33.3
2006	27.7	28.6	28.0	34.8
2007	29.6	32.8	30.7	31.4
2008	30.2	35.8	30.6	29.7
2009	30.1	40.0	32.1	29.0
2010	25.5	28.1	25.7	27.5
2011	23.7	22.8	21.3	25.0
2012	27.7	19.7	21.4	25.6
2013	25.4	18.4	20.9	26.4
2014	26.7	17.5	18.9	25.6
2015	27.2	22.4	22.1	28.1
2016	28.4	22.9	18.5	32.1

第一，从期初期末来看，各直辖市该比重有升有降，北京、上海有所上升，天津、重庆有下降。该比重除了几个极值外，各直辖市基本稳定在 20%～30% 的量级，均高于 20% 的世界银行对发展中国家抽样调查数，这或许说明，四个直辖市基础设施投资已经是相对超前的。按由高到低排序依次为重庆、天津、北京、上海，经济发展水平越高的城市该比重越低。原因可能是，越是发达的城市，基础设施资本存量水平相对越高，从而需要的基础设施投资相对越少。

第二，重庆与京津沪的变化趋势明显不同，京津沪的变化趋势均呈先上升后下降，重庆总体则呈下降趋势。原因在于，重庆 1997 年直辖后，基础设施投资一直增长平缓，直到 2000 年中央出台“西部大开发”战略，重庆基础设施投资增长异常迅猛，导致该比重迅速攀升，随着“西部大开发”战略的政策效应逐渐减弱，加之基础设施投资对其他固定资产投资的带动效应逐渐显现，该指标在2005年开始出现下降。

第三，京津沪的指标高点呈现出高度一致性，2004年开始都是逐渐攀升，并在2009年左右达到高点，之后总体呈下降趋势。原因在于，受到2009年“4万亿”投资计划影响，该年份三个城市的基础设施投资增长迅速，该项指标也达到相对高点。

4. **基础设施投资率存在明显差异**

四大直辖市基础设施投资率详见表6-5。

表6-5　四大直辖市基础设施投资率（2004—2016年）（单位:%）

年份	北京	上海	天津	重庆
2004	7.6	8.3	10.59	19.8
2005	8.6	9.6	10.66	19.3
2006	11.3	10.6	11.47	21.8
2007	11.7	11.7	13.81	21.3
2008	10.2	12.3	15.27	20.8
2009	11.8	14.0	21.07	23.6
2010	9.7	8.7	17.89	24.1
2011	8.4	6.0	13.93	19.2
2012	9.8	5.1	14.53	21.1
2013	8.8	4.8	14.40	23.2
2014	9.2	4.5	13.79	23.7
2015	9.2	5.7	17.21	27.7
2016	9.3	5.5	15.19	32.2

第一，各城市该指标差异明显，北京基本稳定在10%左右，上海则在近几年缩小到5%左右，天津则稳定在15%左右，重庆则很少低于20%，个别年份已经高于30%。北京、上海的基础设施投资率与世界银行对发展中国家的抽样调查数（2%~8%）接近，天津、重庆该指标远高于世界银行抽样调查数据。

第二，四个直辖市里，基础设施投资率占比由高到低依次为渝、津、京、沪。基本上与各城市经济发展水平呈反向关系，经济发展水平相对较低的重庆的该指标远高于其余三个城市。原因在于，重庆投资率和基础设施投资占固定资产投资比重是四个直辖市里最高的，其基础设施投资投资率必然也是最高的。

第三，四个直辖市指标趋势非常相似，都有一个先上升后下降的过程，2004 年开始逐渐上升，在 2006—2010 年达到高值区间。2011 开始下降。不同的是，京津沪一直处于下降区间，重庆则在 2011 年短暂下降后又进入上行区间，并且重庆在各年份中该项指标均高于其他三个城市。原因在于，基础设施投资受整体宏观调控政策影响较大，各直辖市该指标的变动趋势与全国整体趋势变动较为一致。

第四，2009 年大规模基建投资计划出台，由于政策的受力面主要为政府类投资集中的基础设施领域，四个直辖市当年的基础设施投资率都创下新高，各城市基础设施投资受中央统一的政策面因素影响还是比较明显的。对比政策因素对同期全社会固定资产投资率影响，则要小一些。

第五，四大直辖市基础设施投资的增长一方面支撑了当年经济的高速增长，另一方面，经济的高速增长反过来在未来为基础设施的继续投入提供了更多资源。

表 6-6 四大直辖市投资率（2004—2016 年）（单位：%）

年份	北京	上海	天津	重庆
2004	41.7	38.2	40.0	53.4
2005	39.6	38.3	38.4	57.9
2006	40.6	37.1	40.9	62.8
2007	39.4	35.6	44.8	67.6
2008	33.8	34.3	49.9	69.8
2009	39.1	35.0	65.6	81.4
2010	38.0	30.9	69.5	87.5
2011	35.5	26.4	65.4	76.8
2012	35.2	26.0	67.6	82.2
2013	34.6	25.8	68.9	87.7
2014	34.5	25.5	72.8	92.7
2015	33.7	25.2	77.5	98.5
2016	33.0	23.9	81.7	98.9

5. 基础设施投资受宏观经济调控政策影响较大

对各城市基础设施投资状况的分析表明，基础设施投资一定程度上起着反向调节经济周期的作用，投资增速往往受到宏观政策的影响。从四个直辖市的基础设施投资增速与地区生产总值增速看（详见图6-1），每当经济增长放缓时，基础设施投资往往会大幅增长，而经济增速提高后，基础设施投资增速又会相应回落。这反映了基础设施与其他部门投资的短期替代关系。例如，2007年地区生产总值增速上升，基础设施投资增速开始回落，2008年地区生产总值增速放缓，次年基础设施投资增速出现跃升，2010年地区生产总值增速上升，基础设施投资增速出现回落，2011年地区生产总值增速放缓，次年基础设施投资出现跃升。2012年之后，地区生产总值增速持续放缓，这种现象才开始变得不太明显。

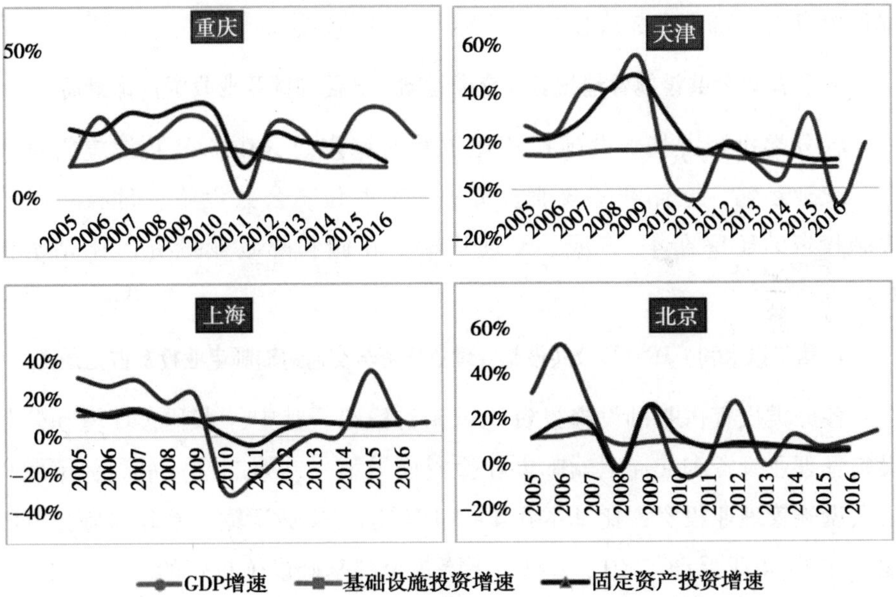

图6-1　四大直辖市投资增速、地区生产总值增速对比

（二）基础设施投资结构比较

在统计实践中，我国各地区统计局并没有遵循一致的基础设施投资分类标准，因此，四个直辖市的基础设施投资分类并不完全吻合，但并没有

对四个直辖市的比较造成太大影响。

1. **北京以交通运输投资、公共服务业投资占比最高**

各分类投资占整个基础设施投资的比重较为稳定。其中，交通运输投资、公共服务业投资稳居第一、第二位。2006—2011 年，交通运输投资占北京市基础设施投资的比率在 50% 上下浮动，2012 年以后下降为全部基础设施投资的 40% 左右。公共服务业占比基本在 25% ~30% 的区间浮动。能源投资占比基本在 11% ~17% 的区间浮动。邮政电信投资占比除了在 2004 年、2005 年超过 11% 外，其余年份占比均在 6% ~8% 之间。

2. **上海以运输类投资和市政建设投资占比最高**

各分类投资占整个基础设施投资比重相对稳定。其中，运输投资、市政建设投资稳居前两位。交通类投资占到基础设施投资的一半左右，市政建设投资占比基本在 3 成左右。

3. **天津以公共设施管理投资和交通运输、仓储和邮政业投资占比最高**

各分类投资占基础设施投资比重相对稳定。其中，公共设施管理投资、交通运输、仓储和邮政业投资稳居前两位。公共设施管理投资基础设施投资的比率在 4 ~5 成。交通运输、仓储和邮政业投资占比基本在 3 ~4 成。

4. **重庆以水利、环境和公共设施管理业投资与交通运输邮电业投资占比最高**

各分类投资占基础设施投资比重相对稳定。其中，水利、环境和公共设施管理业投资和交通运输邮电业投资稳居第一、第二位。水利、环境和公共设施管理业投资占比基本在 4 ~5 成浮动。交通运输占基础设施投资的比率在 3 ~4 成浮动，2012 年以后下降为全部基础设施投资的 40% 左右。

5. **四个直辖市基础设施投资结构特征**

对四个城市基础设施投资结构进行比较可以发现：

第一，总体而言，各直辖市对交通类、公共设施类投资都比较大。北京、上海基础设施投资均有近一半投向了交通领域。天津和重庆则分别在公共设施管理和水利、环境和公共设施管理业投资占了近一半的投资。

第二，重庆的水利设施业和天津的公共设施管理业投资近年来有向上攀升的趋势。原因可能是，这两个直辖市近几年交通运输领域投资相对趋于饱和，城市对公共设施方面的投资需求较大。

第三，2003 年，为反映新兴的信息产业对经济日益增强的拉动作用，国家统计局增设了信息传输、计算机服务和软件业的行业分类，体现在基础设施投资中，重庆的占比持续下降，北京、上海、近几年也出现了一定程度的下降。天津的统计分类则不体现该行业投资。

三、四大直辖市需求侧基础设施投资效益分析

基础设施投资不同于私人部门投资，具有很强的正外部性，基础设施投资除带来经济效益外，还能产生巨大的社会效益，但社会效益受到经济社会中多重因素（如城市规划的科学性、行政、政治决策等）的影响，很难量化到基础设施投资。因此，本研究主要针对四个直辖市基础设施投资的经济效益进行比较分析。

经济学意义上的投资效益，是指在投资活动中投入与产出之间的对比关系。学术界对经济效益的研究有一个从效果、效益到效率的发展脉络，效果和效益含义差别不大，都是对成果和耗费的比较，效率则更侧重于从边际产出角度对投入和产出进行评估。

基础设施投资效益可以分别从宏观、中观、微观三个维度来进行评估，受限于研究取向、篇幅和数据来源，本篇着重从宏观效益的角度分析短期需求侧的基础设施投资的投入产出效益。

（一）重庆的基础设施投资贡献率最高

基础设施投资作为总需求的一部分，在投入的当年直接形成地区生产总值。因此，基础设施投资对当年地区生产总值的增长的贡献可以用基础设施投资贡献率进行衡量。投资贡献率表示当年投资增量占地区生产总值增量的比重。根据定义来看，基础设施投资对经济增长贡献率波动较大，这是因为地区生产总值变动幅度较小时，投资贡献率会出现较大变动，这

种波动主要与经济周期的变化有内在联系。但从一段时期看，地区生产总值增长率和投资率相对稳定，基础设施投资贡献率与基础设施投资占地区生产总值的比重相对接近。本篇研究侧重于四个直辖市一段时期内的横向比较，投资率反而能部分隔离经济周期的波动性对四个直辖市经济效益比较的影响。因此，在这里用基础设施投资率代替投资贡献率来衡量基础设施投资的经济效益（详见图 6-2）。

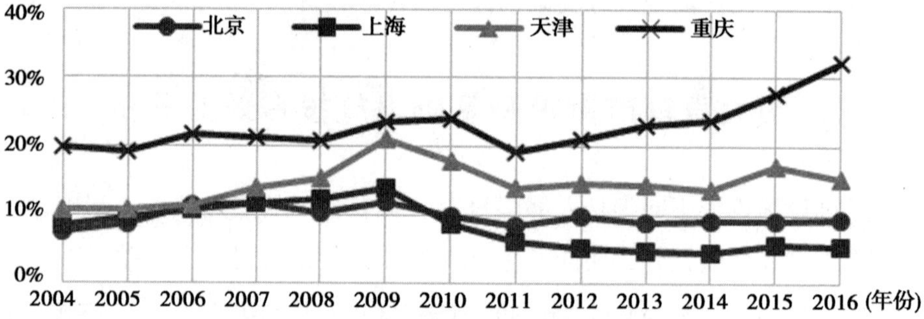

图 6-2　四大直辖市基础设施投资贡献率示意

第一，基础设施投资对经济增长的贡献率由高到低依次为重庆、天津、北京、上海。这表明对重庆和天津来说，基础设施投资相对投入量要远大于北京和上海。

第二，基础设施投资贡献率与各城市经济发展水平呈反向关系，重庆的指标远高于其余三个城市。

第三，四大直辖市指标趋势非常相似，都有一个先上升后下降的过程，变动趋势与全国整体趋势变动较为一致。这表明基础设施投资受整体宏观调控政策影响较大。

（二）上海的基础设施投资效果系数最高

基础设施投资的经济效益还可以用投资效果系数来衡量，投资效果系数是指当年投资量所带来的该行业生产总值的增加量。囿于各直辖市基础设施行业统计数据不够完整和基础设施行业分类标准不同，这里假定基础设施投资作用于整个地区生产总值，以此比较各直辖市基础设施投资的效益。

分别计算各直辖市投资效果系数和基础设施投资效果系数，其中在计算基础设施投资效果系数时，采用固定资产投资价格指数作为基础设施投资价格指数的代理变量，经过折算得出各直辖市基础设施投资效果系数（详见图6-3）。

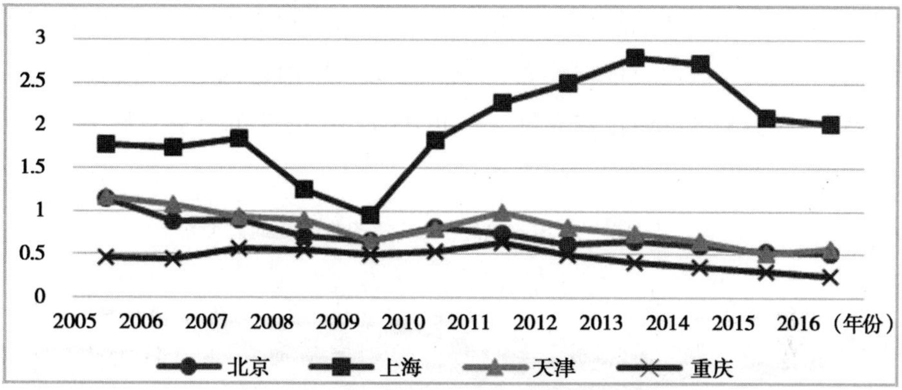

图6-3　四大直辖市基础设施投资效果系数

第一，基础设施投资效果系数除上海外，均呈下降趋势，由高到低依次排序为上海、天津、北京、重庆。这表明一个基础设施单位投资带来的地区生产总值增量，上海要远高于其他三市。重庆则在2011年后出现了明显的下降趋势，表明基础设施投资的拉动作用在减小。

第二，除上海外，北京、天津、重庆的基础设施投资效果系数下降幅度均大于投资效果系数，说明对这三个城市而言，基础设施投资的经济效益要小于全社会固定资产投资带来的经济效益，表明这三个城市基础设施投资拉动作用不如其他部门投资大。

（三）北京、上海基础设施投资乘数效应相对较强

以上两种效益指标，都是基础设施投资作为当年需求侧的部分带来的直接经济效益，并不能比较基础设施投资作为需求引致的一系列次级消费需求对地区生产总值增长的拉动作用。若考虑这种间接贡献可以采用投资乘数。

投资乘数理论认为，增加一笔投资时，可以引致一系列消费，从而提高总需求水平和增加地区生产总值。用投资乘数则可以比较四个直辖市包

括投资和消费在内的一系列总需求增加所带来的地区经济增长。这更为全面和准确地反映了作为需求侧的基础设施投资的效果。

计算投资乘数的方法很多，大致包括公式计算和回归模型演算两类，由于本研究针对一定时期的四个城市的横向比较，因此，得出某一年度的投资乘数并不是本研究的主要目的，一个时间序列内的投资乘数变化趋势足以反映情况。因此，根据投资乘数的定义，采用地区生产总值/固定资产投资额作为基础设施投资乘数，得出 2004—2016 年的投资乘数变化趋势（详见图 6-4）。

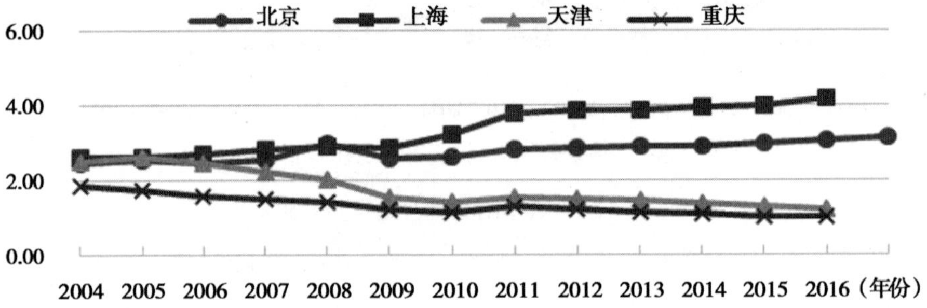

图 6-4 四大直辖市投资乘数

2004 年以来，上海、北京投资乘数总体呈上行趋势，天津、重庆投资乘数呈下降趋势。一般情况下，无论初始增加的是哪个部门的投资，最终产出的投资乘数都是相同的。因此，从各直辖市基础设施投资的乘数效应带来的地区生产总值增量来看，上海、北京具有较强的投资乘数效应。天津、重庆的投资乘数效应相对较弱。

值得注意的是，投资过程中的乘数效应是一种短期效应，投资乘数对于经济增长的作用也是静态的，基础设施投资对未来经济的产出效益并不能由此反映出来。这是因为，短期内，可以假设价格无弹性，但从长期来看，资源利用的情况和技术状况都会发生变化，价格将随着产出的提高而上升。在这种情况下，总产出与投资等拉升需求水平的乘数效应将会变小直至接近于零。长期总供给曲线是一条垂直的曲线，只有在短期无法预期到价格变化的情况下，总供给曲线才会是一条向上倾斜的曲线。因此，加大基础设施投资力度往往只是对冲私人部门的需求回落，减缓经济的下行速度，而无法长期改变私人部门的整体趋势。

（四）重庆基础设施投资的宏观政府财政分担更高

对效益分析的同时，可以通过基础设施投资占地方政府一般预算收入的比重来比较基础设施投资的相对比较成本，从图6-5可以看出，重庆的占比最高，其次是天津、北京，上海。这说明，一方面，重庆地方政府相较其他三个市的地方政府更有加大基础设施投资的意愿，另一方面，重庆基础设施投资对其他部门投资的挤出效应也最高。另外，基础设施投资资金的不足部分，一方面来源于地方政府及城投企业的债券或者银行融资，另一方面来源于中央政府的转移支付，重庆的高占比或许也说明“西部大开发”和中央政府实行积极的财政政策发行国债向西部倾斜的政策的巨大作用。

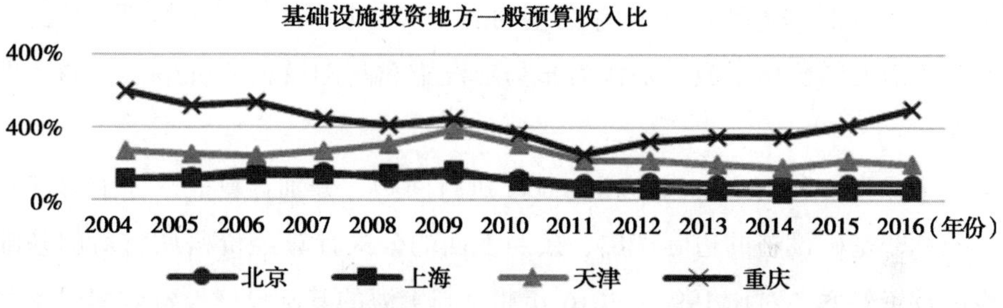

图6-5　四大直辖市地方政府基础设施投资财政分担

四、北京与上海供给侧基础设施投资效率比较

投资形成资本存量后，会在未来年份对经济产出的产生持续的作用，这正是经济体系中投资意义的根本所在。以往，我们更注重对投资的需求侧的作用展开研究，忽略了更为根本的对供给侧的投资效益研究。通过对供给侧的研究，不仅能更全面地比较不同城市基础设施投资效益，而且能更深入地了解需求侧基础设施投资效益的规律。上一章对四大直辖市基础设施投资效益的比较侧重于对当年需求侧的分析，本章则着重于在供给侧对各直辖市的基础设施投资效率进行比较。相比投资效益，投资效率更关

注基础设施投资与产出的边际关系。具体方法是，提出一个包含基础设施资本存量在内的生产函数模型，然后利用模型回归结果，对各直辖市的基础设施投资效率进行比较。由于现阶段只有北京和上海具备长时间序列的统计样本数，天津和重庆则不具备足够的样本数据，基于数据可得性和回归方法的考虑，在此被迫放弃对天津、重庆的比较，只针对北京和上海展开比较和讨论。

第一步，定义基础设施投资效率如下：

$$E = \frac{\frac{\partial Y}{\partial K_j}}{\left(P\frac{\partial Y}{\partial K_f}\right)}$$

E 表示基础设施投资效率，Y 表示地区生产总值，K_j 表示基础设施资本存量，K_f 表示非基础设施资本存量，P 表示基础设施资本相对于生产设施资本的价格，这里以 1990 年为基期的北京、上海的固定资产投资价格指数和建筑安装价格指数分别作为非基础设施和基础设施的价格指数的代理变量。

第二步，利用 solow growth model 进行回归，分别计算北京、上海基础设施和非基础设施的边际产出，按照上面的公式计算经价格调整后的基础设施投资效率，对比 1995—2016 年北京与上海的基础设施投资效率得到图 6-6。

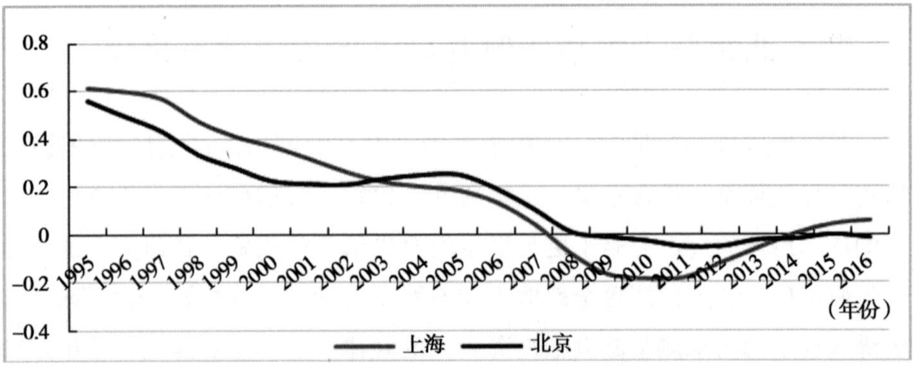

图 6-6　1995 年以来北京市、上海市基础设施投资效率对比

从图 6-6 可以看出，2003 年以前，上海的 E 值均大于北京，说明在

2003 年以前，上海的基础设施投资效率高于北京。2003—2008 年，北京的基础设施投资效率则高于上海，2008 年上海开始出现基础设施投资相对过剩，之后基础设施投资效率持续下行，原因可能是在该时间段上海基础设施投资增长过快，导致其他部门投资相对不足，到 2011 年基础设施投资效率才开始出现回升；北京在 2009 年也出现了基础设施相对过剩的情况，但 2009—2013 年间过剩程度均比上海小，原因在于，2010 年上海举办世界博览会，再加上 2009 年大规模的基础设施投资，基础设施投资规模相对较大。2014—2016 年上海基础设施投效率高于北京，E 值大于 1，说明这期间上海出现了基础设施相对短缺，这可能与该时期上海大量吸引外资，鼓励投资等政策的实施使得其他部门投资增长较快有关。

五、四大直辖市基础设施投资效益差异成因分析

（一）重庆经济增长更依赖于投资的拉动作用

第一，重庆城市化率是四个直辖市中最低的，推进城市化需要基础设施投资适当先行。受益于“西部大开发”战略和国家实行积极的财政政策发行国债并向西部倾斜的政策的巨大作用，重庆的基础设施取得了长足进步。

第二，重庆经济发展阶段处于工业化加速时期，产业结构中比重较高的工业等二产属于资本密集型产业，会带来大量的投资。重庆的投资率也居四个城市之首，政府在经济运行中调控力量仍很强大，大力推进包括基础设施投资在内的固定资产投资成为经济增长的不二抓手。

第三，重庆的经济增长更依赖于资源的投入，技术进步对其经济增长的拉动作用还没有充分明显地体现出来。基础设施投资对经济的拉动作用在 2011 年后也开始出现下降迹象。

第四，从基础设施投资占地方一般预算收入来看，重庆地方政府也有强大意愿去投资基础设施建设。

（二）上海经济增长依靠技术进步的作用明显

不论是反映需求侧的还是反映供给侧的相关指标分析表明，上海的基础设施投资效益均居四个直辖市之首。究其原因，上海具有较高的全要素生产率，经济增长更多靠技术进步带来效率提升，对投资的依赖度是四大直辖市中最少的，利用较少的投资取得了较大的投资效果。

原因在于：

第一，经济增长要靠经年累月积累投资所形成的资本存量。昨天需求侧的一笔笔投资决定了今天资本的供给数量和结构，通过生产函数决定了经济增长的水平和质量，也限定了需求刺激政策实施的空间。

第二，基础设施资本存量对经济增长具有最终影响，结合北京、上海供给侧的相关分析，可以看到当年需求侧的效益差异归根结底取决于两点，一是全要素生产率的差异，二是不同资本配置下的产生的效率差异。

第三，不同的经济发展阶段、经济结构、城市功能定位、地方政府发展导向等因素最终决定了该地区的经济发展水平和质量。

（三）北京的基础设施投资效率较上海为低

第一，北京在 2008 年之前基础设施投资相对是有效率的，这段时期基础设施处于有一定程度的短缺，2008 年之后的大规模基础设施投资可能对资本配置略微带来负向影响，表现为基础设施相对略过剩。但应当看到，北京总体基础设施资源配比偏离最优并不远。

第二，2013 年后，上海较北京基础设施投资效率更高，说明上海的资本配置效率较高，不论对基础设施投资还是非基础设施投资，相对比较平衡。原因可能是上海具有更完善的生产性服务业，产业融合发展较好，同时技术进步对经济增长的作用也更明显。

六、主要结论与政策建议

（一）研究结论

结论一：各直辖市基础设施投资受到地域、城市历史沿革的很大影响，重庆由于直辖时间较晚，先天的基础设施较为薄弱，基础设施投资相较东部诸直辖市近年来上升幅度较大。

结论二：虽然重庆基础设施投资规模更大，增速更快，但北京、天津、上海的基础设施投资的经济效益要高于重庆。因此，不能简单认为加大基础设施投资就一定会带来更快的经济增长。技术进步乃至全要素生产率提升才是决定经济增长的根本。

结论三：基础设施投资如此高速的发展是不可持续的，未来会有所缓和，原因有三：其一，四个直辖市均向服务业转型，未来将变得更加高效、密度更高，对基础设施的额外投资需求将减少；其二，大多数必需的基础设施都已建立起来，新增人口所需的额外投资将低于以往；其三，基础设施维护在政府预算中所占的比重越来越高，这将会制约额外的资本投入。

结论四：从时间趋势看，四个直辖市基础设施投资效益不论是投资效果系数还是投资乘数效应均面临着不同程度的下降。究其原因，是在全要素生产率没有大幅改进的情况下，投资（资本）的边际递减效应。

结论五：各直辖市的投资结构和效益具有较大的差异，这些差异在很大程度上与经济发展水平以及地理环境、自然条件状况等相关，但可以看出，经济发展水平与基础设施投资的效益呈正相关。

结论六：对北京、上海的比较分析说明，需求侧的投资决定了供给侧的资本积累数量和结构。对供给侧的实证分析表明，基础设施投资的水平必须要与经济发展水平相适应，不恰当的基础设施投资会形成相对过剩，导致资源配置效率下降。

（二）政策建议

一是注重基础设施投资与经济发展水平的匹配，避免资源配置无效率。重点是提高基础设施投资效益就应该发展更为有效的资本市场，让其他部门投资特别是私人投资能和政府在进行投资融资时能够公平竞争，最终实现优化资源配置。

二是依托基础设施投资稳增长、补短板的同时要防止“大水漫灌”式的基建投资。不能简单地认为基础设施建设必然带来经济发展，而应该在营商环境、税收政策、就业政策等方面着力鼓励其他部门投资，从而减少基础设施投资的挤出效应，提升基础设施投资的挤入效应，提升全要素生产率，确保最大限度地实现潜在经济增长。

三是“消费本身不能拉动经济增长，唯有人均资本存量的提升才能实现经济增长”[1]。但消费作为内需之一，能为供给侧产能提供出清，从而提高资本回报率。也就是说，虽然消费并不能拉动经济增长，但消费关系到投资回报的高低，事关整个经济体系的均衡和顺畅运转，消费的重要性就在于此。从当前经济形势看，居民消费增速和消费能力在持续下降，同时，基尼系数持续上升，对消费增长也构成了相当的抑制。应适当减少纯粹以“稳增长”类的公共支出，通过减少非税收入等措施增加居民收入和企业利润，最终提升北京市的经济增长质量。

（执笔人：郭頔）

参考文献：

［1］陈钊，等．在集聚中走向平衡［M］．北京：北京大学出版社，2009.

［2］黄少卿，等．基础设施投资资金来源、投资效率与地方政府财政风险［M］．上海：格致出版社、上海人民出版社，2014.

［3］李晓鹏，等．地方政府投融资模式研究［M］．北京：机械工业出版社，2014.

［4］高坚，等．中国基础设施投资政策对经济增长的影响［M］．北京：北京大学

［1］林毅夫．主张消费拉动中国经济是误导［OL］［2017-7-28］．搜狐财经．

出版社，2009.

［5］蒋时节. 基础设施投资与城市化进程［M］. 北京：中国建筑工业出版社，2010.

［6］杨飞虎. 我国公共投资效率问题研究［M］. 北京：经济管理出版社，2015.

［7］伍晓鹰，等. 经济增长、生产率与收入分配［M］. 北京：北京大学出版社，2011.

［8］许宪春. 中国国民经济核算与统计问题研究［M］. 北京：北京大学出版社，2010.

［9］世界银行. 1994 世界发展报告［M］. 北京：中国财政经济出版社，1994.

［10］世界银行. 中国：推进高效、包容、可持续的城镇化［M/OL］. 世界银行网站，2018. http：//www. shihang. org/zh/country/china/publication/urban－china－toward－efficient－inclusive－sustainable－urbanization.

［11］娄洪. 中国经济增长中的基础设施投资问题研究［D］. 北京：清华大学，2002.

［12］刘春霞. 地方政府城市基础设施投资效率研究［D］. 长沙：湖南大学，2013.

［13］司政. 京津沪渝经济发展和要素回报率比较［J］. 价格理论与实践，2010，6（6）：79－80.

［14］王卉彤，等. 北京城市基础设施建设投资与经济发展水平研究［J］. 北京社会科学，2007，1（1）：20－24.

［15］范前进，等. 公共基础设施投资对区域经济影响的一般均衡分析［J］. 世界经济，2004，5（5）：58－62.

［16］吉夏明. 透视上海城市基础设施建设［J］. 上海统计，2003，5（5）：4－7.

［17］沈春苗. 政府基础设施投资偏向与经济增长［J］. 上海经济研究，2015，3（3）：15－24.

［18］张军，等. 中国为什么拥有了良好的基础设施［J］. 经济研究，2007，3（3）：4－19.

第七章 四大直辖市投资宏观效益比较研究

一、固定资产投资效益及评价指标

（一）投资效益的内涵及分类

1. 投资效益的内涵

固定资产投资效益是指固定资产活动所取得的成果与所占用或消耗的投资之间的对比关系，即固定资产投资的所得与所费、产出与投入之间的对比关系。在固定资产投资活动中，投入表现为在固定资产建造和购置过程中消耗的人工、建筑材料及有关的费用，购置的设备、工具、器具；产出则表现为固定资产投资形成的新增固定资产、新增生产能力（或工程效益）以及通过固定资产投资新增加的产值（如地区生产总值）、利润和税金等。

投资是为了发展社会生产和提高人民生活水平创造物质条件，因而投资效益表现于投资项目建成投产（或使用）后的生产过程和服务过程。首先，表现为新增固定资产，或新增生产能力与事业发展能力；其次，表现为固定资产投入使用后增加的社会产品和劳务对国民经济和社会发展的净贡献。

2. 投资效益的分类

从投资效益的层次看，有微观效益和宏观效益。微观效益也称财务效益，是指投资项目的投入与产出相比较，能否获得预期的盈利，是从投资者的角度衡量投资活动是否值得。宏观效益是指一定时期内社会总投资的综合效益，它是从全社会的角度即国民经济全局来考察投资效益的，具有全局性、长期性、综合性特点，即对整个国民经济的发展、对国民经济长远发展产生持久的影响，综合反映各方面、全过程各项工作的质量。

从投资效益的内容和性质看，有社会效益和经济效益。社会效益是指投资项目的建设和运行对社会发展、资源、生态、环境、就业、分配等方面带来的影响。经济效益是指投资总量或每一个投资项目对国民经济有效增长、结构优化的贡献，全部投资项目的国民经济效益汇总起来，就形成一定时期社会总投资的国民经济效益，即投资的宏观经济效益。任何项目的建设和运行都要耗费社会的有限资源，在投资总量既定的情况下，有效利用资源，促进投资效益最大化，衡量和评价投资的国民经济效益更具有战略意义。

本研究重点在于分析投资的宏观经济效益。

（二）投资效益的评价指标

投资效益指标就是反映固定资产投资活动中的投入与产出之间关系及其影响因素的指标，是投资活动成效的数量表现，是考核、比较和分析项目投入和产出对比关系的工具。与本研究重点是投资宏观效益一致，这里主要介绍投资的宏观效益评价指标。

1. 投资效果系数

投资效果系数是指一定时期内单位固定资产投资所增加的地区生产总值（地区 GDP），通常也称为投资 GDP 系数。其计算公式为：投资效果系数=地区生产总值增加额/固定资产投资总额。经济活动中，客观上存在着以投资作为投入、以地区生产总值作为产出的相互关系，宏观效益指标应从宏观上反映投资活动中投入和产出的关系，指标的设置应以反映这种关系为基本的出发点。

地区生产总值作为反映一定时期全社会所有生产活动的最终成果，由全体经济活动主体参与创造，并形成这些活动主体的收入。经过分配，地区生产总值表现为劳动者收入（劳动者报酬）、企业收入（营业盈余）、政府收入（生产税净额）和固定资产折旧。固定资产投资在引起地区生产总值变动的同时，也必将对各经济主体的收入水平和结构产生影响。从投资对各经济主体收入水平的影响，宏观投资效益指标还可以进行以下细分考察，我们暂且称其为投资对主要经济主体的收入效益（鉴于固定资产折旧与固定资产投资的同质性，这里暂不对其进行分析）：

投资劳动者报酬系数：是反映一定时期内单位固定资产投资所产生的劳动者报酬的指标，等于劳动者报酬增加额/当年固定资产投资额，用于反映投资对劳动者报酬的影响程度。（投资对就业也会带来重要影响，但因其与劳动者报酬具有一定同质性且主要是社会性，因此我们不重复分析。）

投资企业收入系数：是反映一定时期内单位固定资产投资所增加的企业收入指标，等于企业收入增加额/当年固定资产投资额。

投资政府收入系数：是反映一定时期内单位固定资产投资所增加的政府收入的指标，等于财政收入增加额/当年固定资产投资额。

2. 固定资产交付使用率

固定资产交付使用率是指一定时期新增固定资产与同期完成投资额的比率。用公式表示为：固定资产交付使用率=新增固定资产价值/同期投资完成额。该指标是反映固定资产动用速度，衡量建设过程中宏观投资效果的综合指标。由于新增固定资产是较长时期内形成的结果，而投资额则是当年完成的，因此，该指标一般适宜于反映较长时期内固定资产的动用情况。一般来说，在有一定数量的未完工程作为建设正常周转的条件下，交付使用的固定资产所占比重越大，未完工程所占比重越小，说明建设速度越快，效益越好。

3. 项目建成投产率

指一定时期内全部建成投产项目个数与同期施工项目个数的比率。该指标从建设单位建设速度的角度反映投资效果。用公式表示为：项目建成投产率=全部建成投产项目个数/同期施工项目个数。本年投产项目个数指报告期内按设计文件规定建成主体工程和相应配套的辅助设施，形成生产能力或工程效益，经过验收合格，并且已正式投入生产或交付使用的建设项目。施工项目个数是指本年正式进行过建筑或安装施工活动的建设项目个数，可以反映一定时期固定资产投资的实际规模，与同期全部建成投产项目个数相比，可以从建设速度的角度反映固定资产投资的效果。

4. **建设周期**

建设周期是从时间方面反映建设效果的指标，是固定资产在建总规模与年度投资完成额的比值。用公式表示为：建设周期（年）= 在建投资总规模/年度投资完成额。它表明已经铺开的在建工程全部建成所需的时间，也就是固定资产从投资到交付使用、发挥效益平均所需的时间。合理的建设周期，有利于提高投资效益。如果建设周期不合理拉长，表明在建投资规模增加或年度完成投资额减少，长时间占用和耗费大量资源而形不成产出，将对投资效益带来不利的影响。

上述指标中，投资效果系数侧重从产出总量及变化上衡量投资的宏观效益；新增固定资产是表示固定资产投资成果的价值指标，也是反映建设进度，计算固定资产投资效果的重要指标；项目建成投产率、建设周期都是侧重从建设速度和时间方面衡量投资效果，上述指标的相互补充印证，可以大致了解投资宏观效益的实际情况。

二、四大直辖市投资效益指标比较分析

根据上述研究对象和指标体系，我们对 2011 年以来四大直辖市固定资产投资的宏观效益情况进行分析。

（一）投资效果系数

投资效果系数分析，我们采用地区生产总值和全社会固定资产投资，即各市本年度每亿元全社会固定资产投资可新增多少亿元地区生产总值（如表 7-1）。从整体分析比较看，四市的投资效果系数具有以下几个特点：

一是四市横向比较，投资效果系数从高到低依次为上海、北京、重

庆、天津。以多数年份和平均水平来看，上海略高于北京，重庆和天津较为接近且明显低于前两者。从2011年到2017年，北京市投资效果系数平均为0.26，即每亿元固定资产投资平均可新增加0.26亿元的地区生产总值，上海则为0.30亿元；重庆和天津则明显较低，分别为0.14亿元和0.13亿元。特别是2015—2017这近三年，重庆和天津的投资效果系数与前两市差距明显加大。

表7-1　四大直辖市全社会固定资产投资效果系数比较（单位:%）

年份	北京	上海	天津	重庆
2011	0.37	0.41	0.28	0.27
2012	0.27	0.19	0.18	0.15
2013	0.28	0.30	0.16	0.12
2014	0.21	0.30	0.11	0.11
2015	0.22	0.25	0.06	0.09
2016	0.23	0.38	0.07	0.11
2017	0.26	0.27	0.06	0.11
平均	0.26	0.30	0.13	0.14

二是纵向变化比较，四市投资效果系数总体上均呈下降趋势。其中上海、北京下降幅度较小，北京从2011年的0.37下降到2017年的0.26，上海从0.41下降到0.30，二者均下降0.11；重庆从2011年的0.27下降到2017年的0.14，下将幅度0.13；天津则从2011年的0.28下降到2017年的0.13，下将幅度0.15，且从2014年以后低于重庆。按年度观察，最高的都出现在2011年，从2012年开始均迅速下降，北京最低的为2014年，上海为2012年，天津和重庆则均为2015年，仅为0.06。

如果我们以一个较长时期和时段来观察，四市投资效果系数总体上均呈稳定下降趋势，整体来讲仍然是上海下降幅度小，效果最好；天津下降幅度最大。北京“十五”和“十一五”时期投资效果系数分别为0.36和0.34，“十二五”时期下降到0.27；上海则从0.33和0.34下降到0.29；天津则从0.40和0.30下降到0.16；重庆则从0.25和0.21下降到0.15。

（二）投资对各经济主体收入效益

以上分析主要是对地区生产总值总量变动的效益情况。而地区生产总值作为反映一定时期全社会所有生产活动的最终成果，经过分配，形成全体经济活动主体的收入，表现为劳动者收入（劳动者报酬）、企业收入（营业盈余）、政府收入（生产税净额）等。因而投资对收入法地区生产总值的内部结构也会产生不同的效益，以下我们分析比较投资对各经济主体收入的效益情况，即对投资效果系数从其内部结构角度做细化分析。

为增强可比性和数据的可获得性，劳动者报酬指标采用城镇单位在岗职工工资总额，与之对应的是城镇固定资产投资；为更加体现企业的生产性特点，企业收入指标采用规模以上工业企业利润指标，与之对应的是城镇工业固定资产投资；政府收入指标采用地方一般公共预算收入指标，对应的是全社会固定资产投资。

1. 投资工资系数分析

如表 7-2 所示，比较四市的投资工资系数，即城镇固定资产投资对城镇在岗职工工资总额的影响系数，具有以下特征：

一是横向比较看，上海明显最高，北京其次，重庆和天津则明显较低。2011—2016 年北京每亿元城镇固定资产投资可新增加的城镇在岗职工工资总额平均为 0.135 亿元，上海则高达 0.179 亿元，重庆和天津分别为 0.027 亿元和 0.025 亿元。北京仅 2015 年高于上海；天津仅在 2011 年和 2016 年高于重庆。

二是从纵向比较看，四市固定资产投资对职工工资的影响均呈下降趋势，且上海和北京下降幅度高于另两市。因个别年份出现反弹（如北京在 2015 年出现反弹，上海在 2014 和 2016 年出现反弹，重庆在 2013 年出现反弹，天津则在 2015 年出现反弹），因而我们以三年一个时段来比较。北京市 2011—2013 年投资工资系数平均为 0.155，2014—2016 年平均为 0.114，下降 0.041；上海则从 0.201 下降到 0.157，下降 0.044；重庆则从 0.040 下降到 0.015，下降 0.025；天津则从 0.039 下降到 0.011，下降 0.028。

考虑到价格指数和职工平均工资水平的增长，这种下降的趋势是客观存在的，即工资基数较高的区域，其保持工资增幅较高的难度较大。

表 7-2　四大直辖市投资工资系数比较（单位:%）

年份	北京	上海	天津	重庆
2011	0. 181	0. 293	0. 056	0. 041
2012	0. 150	0. 160	0. 034	0. 038
2013	0. 133	0. 148	0. 026	0. 040
2014	0. 114	0. 243	0. 009	0. 022
2015	0. 128	0. 106	0. 016	0. 014
2016	0. 101	0. 122	0. 007	0. 009
2017	—	—	—	—
平均	0. 135	0. 179	0. 025	0. 027

2. **投资企业利润系数分析**

如表 7-3 所示，我们对四市 2011 年到 2017 年城镇工业投资对规模以上工业企业利润的影响系数进行了分析，即每亿元工业投资可增加多少亿元的工业利润。

一是横向比较看，2011 年到 2017 年平均水平，从高到低依次为北京、上海、重庆、天津。北京市城镇工业投资对规模以上工业企业利润的影响系数平均为 0. 181，即每亿元工业投资可增加 0. 181 亿元的工业利润，其次为上海 0. 121，重庆和天津分别为 0. 055 和 0. 040。因为各年起伏较大，各年排序不尽一致，但在这 7 年中，北京有 5 年居领先位置；上海领先 2 次。

二是纵向比较看，从不太长的数据序列来看，投资对利润增长的影响比较复杂，波动也比较大。北京和上海波动幅度大于另两市，重庆相对稳定，天津具有缓慢下降趋势，2017 年各市均有较大幅度上升。2017 年的工业企业利润快速增长，这反映了我们近年来工业结构调整的效果正在显现，工业企业经营效益明显改善，运行质量进一步提高。

表 7-3　四大直辖市投资企业利润系数比较（单位:%）

年份	北京	上海	天津	重庆
2011	0.133	-0.035	0.118	0.051
2012	0.192	-0.081	0.044	-0.005
2013	0.020	0.214	0.037	0.074
2014	0.325	0.203	0.001	0.077
2015	0.121	0.032	-0.008	0.036
2016	0.015	0.237	-0.044	0.042
2017	0.465	0.277	0.132	0.112
平均	0.181	0.121	0.040	0.055

3. 投资财政收入系数分析

如表 7-4 所示，我们对四市 2011 年到 2017 年全社会固定资产投资和财政收入进行了分析，从比较看，四市全社会固定资产投资对地方一般公共预算收入的影响系数主要有以下特征：

一是从横向比较看，2011—2017 年四市财政收入系数平均水平，从高到低依次为上海、北京、天津、重庆。最高的是上海为 0.090，即每亿元全社会固定资产投资可新增加地方一般公共预算收入 0.090 亿元，北京为 0.061 亿元，天津和重庆与比前两市差距较为明显，分别为 0.019 和 0.017 亿元。

二是从纵向比较看，固定资产投资对财政收入的影响逐年有升有降，但总体上更趋于降低的趋势。北京、上海起伏较大，上海在 2014—2016 年出现较大回升，北京四降二升，上海三降三升，天津持续下降，重庆五降一升。其中天津在 2016 年与重庆持平后，2017 年低于重庆。

表 7-4　四大直辖市投资财政收入系数比较（单位:%）

年份	北京	上海	天津	重庆
2011	0.110	0.110	0.051	0.061
2012	0.048	0.060	0.034	-0.002
2013	0.049	0.065	0.032	0.020

续表

年份	北京	上海	天津	重庆
2014	0.048	0.127	0.027	0.017
2015	0.087	0.102	0.021	0.015
2016	0.042	0.131	0.004	0.004
2017	0.039	0.033	-0.037	0.001
平均	0.061	0.090	0.019	0.017

从投资对以上三方面收入影响的幅度来看：投资对工业利润的影响程度、对职工工资的影响程度，都明显大于对财政收入的影响程度。具体对收入分配格局的影响，我们后面再分析。

（三）固定资产交付使用率

固定资产交付使用率我们用各市年度新增固定资产与同期全社会固定资产投资完成额的比率。用公式表示为：固定资产交付使用率=新增固定资产价值/同期投资完成额×100%。如表 7-5 所示，从四市的比较结果看，主要有以下特征：

一是横向比较看，从 2011 年到 2017 年，四市固定资产交付使用率平均水平由高到低依次为重庆、天津、上海、北京，重庆最高为 61.8%，北京最低为 44.1%。差距依次分别为 5.2、6.7 和 5.8 个百分点。从多数年份情况看，都呈现了重庆最高、北京最低的特点，其中天津 2013 年起超过上海，2016 年超过了重庆。

二是纵向比较看，天津、重庆整体上呈缓慢上升趋势，天津只在 2014 年小幅下降，重庆也只在 2016 年出现下降；上海除在 2015 年上升外，整体呈缓慢下降态势；北京 2014 年达到高点 51.4% 后，整体呈缓慢先升后降、整体平稳的趋势。

表 7-5　四大直辖市固定资产交付使用率比较（单位:%）

年份	北京	上海	天津	重庆
2011	40.3	55.6	48.8	61.0
2012	39.8	55.4	50.3	62.0
2013	45.0	47.2	57.8	61.7
2014	51.4	45.5	56.8	64.0
2015	50.0	51.7	62.2	67.0
2016	42.6	43.8	63.7	55.0
2017	39.7			
平均	44.1	49.9	56.6	61.8

（四）项目建成投产率

项目建成投产率我们用各市年度全部建成投产项目个数与同期施工项目个数的比率。用公式表示为：项目建成投产率=本年度全部建成投产项目个数/本年度施工项目个数×100%。该指标从建设单位建设速度的角度反映投资效果。如表 7-6 所示，从四市的比较结果看，主要有以下特征：

一是横向比较看，从 2011 年到 2016 年，四市的项目建成投产率平均水平由高到低依次为天津、重庆、北京、上海，天津最高为 65.1%，上海最低为 29.3%。天津、重庆较为接近，仅差 1.3 个百分点，北京、上海较为接近且相差 7.4 个百分点，但后两市明显低于前两市，其中北京比重庆低 27.1 个百分点。从多数年份情况看，都呈现了天津、重庆高的特点，其中天津 2014 年起超过了重庆，上海除 2012 年外，在其他各年处于最低。

二是纵向比较看，各市的项目建成投产率整体上比较平稳，起伏均不大。其中天津在 2014—2016 年的投产率，均高于前三年；其他城市则在小幅度波动中保持了基本平稳。

表 7-6　四大直辖市固定资产投资项目建成投产率比较（单位:%）

年份	北京	上海	天津	重庆
2011	41.6	30.0	58.8	64.2
2012	24.7	29.9	62.9	64.3
2013	38.7	25.2	63.2	65.5
2014	38.2	27.8	68.4	66.7
2015	40.7	33.3	71.5	68.4
2016	36.3	29.7	65.7	53.7
2017				
平均	36.7	29.3	65.1	63.8

数据来源：《中国统计年鉴 2017》，固定资产投资（不含农户）施工、投产项目个数。

（五）建设周期

建设周期是从时间方面反映建设效果的指标，它表明固定资产从投资到交付使用、发挥效益平均所需的时间。如果建设周期合理缩短，表明在建投资规模减少或年度完成投资额增加，占用时间和耗费资源少从而尽快形成产出，投资效益更高。同时建设周期还是前两个指标的重要影响因素，建设周期短，意味着投资转化为新增固定资产更及时，即固定资产交付使用率会更高；意味着同期施工项目中，更易有更多的建成投产项目，即项目建成投产率提高。

因统计部门披露的数据有限，我们仅以部分年度的数据比较分析建设周期，具体采用各市各年的全社会在建总规模与年度全社会固定资产投资额的比值。用公式表示为：建设周期（年）= 全社会在建总规模/本年度全社会固定资产投资完成额。如表 7-7 所示，建设周期由短到长依次为天津、重庆、北京、上海，后两者的建设周期整体上长于天津、重庆。

从以上 3 个指标的比较可见，天津、重庆建设周期更短，在固定资产交付使用率、项目建成投产率两个指标上，也相应表现更好。

表 7-7 四大直辖市固定资产投资项目建设周期比较（单位:%）

年份	北京	上海	天津	重庆
2011	4.7	4.8	3.0	3.1
2012	4.8	5.0	3.1	2.8
2013	—	—	—	—
2014	4.6	5.1	2.4	2.5
2015	—	—	—	—
2016	—	—	—	—
2017	—	—	—	—
平均	—	—	—	—

数据来源：国家统计局网站，地区数据——分省年度数据，全社会在建总规模、全社会固定资产投资。

三、投资效益的相关因素分析与结论

（一）影响投资效果的相关因素分析

投资效果系数是投资运行和经济运行的综合结果。为分析投资效果系数的差异特征及原因，我们对投资效果系数与投资本身运行情况的关系、投资效果系数与经济运行本身特征的关系进行分析。投资运行情况通常用投资额和投资增速来反映，此处我们首先选择与投资增速进行分析；与经济运行情况方面，我们选择与投资率的关系进行分析。

1. 投资增长速度

我们对 2011—2017 年四市投资效果系数与投资增长速度的相互关系进行分析。从各市自身两个指标的关系看，二者具有较弱的正相关关系。即投资增长速度越高，投资效果系数也越高，单位投资增加的地区生产总值也越多。2011—2017 年北京市投资效果系数与投资增长速度的相关系数为 0. 2970，上海的相关系数为 0. 3479，两市均表现为较弱的正相关关系；天津和重庆的相关系数分别为 0. 4398 和 0. 4655，表现为中等偏弱的正相关关系。如 2011 年以后，随着四市的投资增速均持续下降，当年的投资效果系数也持续下降，其中对天津和重庆的影响程度更大，表现为其投资效果系数下降更快。其中 2017 年二市的投资增速下降到最低，同年的投资效果系数也为最低。

这一关系特征说明，必要的投资增速有利于促进技术、人力等其他生产要素性能的发挥，对提高产出效益是有利的。但投资增速并非越高越好，产出效益还要受其他要素的制约，经济运行内部其他资源是否达到有效配置等，均会影响到最终产出效益。从四市横向比较看，投资增长速度越高，反而投资效果系数越低，如 2011—2017 年，重庆、天津投资平均增长速度远高于北京和上海，但重庆、天津的投资效果系数却远低于北京、上海。这说明其投资增长速度和规模达到一定程度，产出边际效益等已出现显著下降，影响到其最终的效益表现（详见表 7-8）。

表 7-8　四大直辖市全社会固定资产投资增长速度比较（%）

年份	北京	上海	天津	重庆
2011	13.3	0.3	15.3	10.8
2012	9.3	3.7	18.1	22.0
2013	8.8	7.5	14.1	19.5
2014	7.5	6.5	15.1	18.0
2015	5.7	5.6	12.1	17.1
2016	5.9	6.3	12.0	12.1
2017	5.7	7.3	0.5	9.5
平均	7.8	5.9	12.6	17.5

注：由于 2011 年投资统计口径作了较大调整，各地对上年 2010 年相应调整情况披露不一，为增强可比性，此处计算平均速度以 2011 年为基数，计算 2012—2017 年的平均增速。

2. 投资率

投资率方面，即一定时期内资本形成总额占地区生产总值的比重。如表 7-9 所示，一是从横向比较看，平均水平和多数年份下，天津明显最高，比重庆高约 5 个百分点，且这两市远高于北京、上海，后两市较为接近。投资率越高的城市，其投资效果系数越低。二是纵向比较看，上海投资率较为稳定，其他三市均小幅持续下降；在投资率下降幅度差别不大的情况，天津、重庆投资效果系数下降幅度却大于北京。

表 7-9 四大直辖市投资率（资本形成率）比较（单位:%）

年份	北京	上海	天津	重庆
2011	44.0	41.6	63.6	57.5
2012	44.3	39.5	60.9	55.6
2013	43.2	39.8	59.9	54.6
2014	41.8	38.9	58.9	54.4
2015	39.7	39.7	58.6	54.0
2016	39.2	40.2	59.2	53.8
2017	39.1	—	—	—
平均	41.6	40.0	60.2	55.0

投资所形成的固定资产的数量和质量，在一定程度上决定了经济的发展速度和水平。投资率反映地区生产总值中地区投资与消费的比重关系，合理的投资率要与较高的经济增长率相适应。从这种对比关系中可见，上海的投资率更为合理，经济增长对投资的依赖性较低，说明其投资与消费的比例关系更为合理；天津、重庆方面，投资率小幅下降情况下，投资效益下降幅度大，说明其投资与消费的比例关系不合理，投资的边际效益不理想。

3. **边际投资地区生产总值系数**

边际投资地区生产总值系数，是反映一定时间固定资产投资增加额所增加的地区生产总值的指标，等于地区生产总值增加额/固定资产投资增加额，即每增加一亿元的固定资产投资，地区生产总值将增加多少亿元。如表 7-10 所示，从四市的情况比较看，一是上海、北京平均水平明显好于天津、重庆，且上海在多数年份高于北京 1.1 左右。二是波动较大，但与投资增长速度负相关。即投资增长速度越高，边际投资地区生产总值效果系数越低。这也是前面谈到的，投资增长速度越高，并不能持续带来投资效果系数越高，就是因为边际投资地区生产总值系数会下降。

表 7-10 四大直辖市边际投资地区生产总值系数比较（单位:%）

	北京	上海	天津	重庆
2011	5. 24	94. 38	2. 12	2. 78
2012	3. 12	5. 44	1. 20	0. 83
2013	3. 48	4. 33	1. 26	0. 75
2014	3. 04	4. 89	0. 86	0. 73
2015	4. 06	4. 71	0. 59	0. 64
2016	4. 21	6. 29	0. 67	1. 08
2017	4. 82	3. 98	11. 48	1. 16
平均	3. 75	4. 86	1. 89	0. 97

注：1. 由于 2011 年投资统计口径作了较大调整，各地对上年 2010 年相应调整情况披露不一，为增强可比性，此处计算平均水平以 2011 年为基数，计算 2012—2017 年的平均水平。

2. 由于上海 2011 年投资增速仅 0. 3%，天津仅 0. 5%，因而造成这两年边际投资地区生产总值系数极高。

由表中看近两三年的趋势，随着投资增速的普遍下降，北京从 2015 年起、其他三市从 2016 年起，边际投资地区生产总值系数均有了不同程度的回升。因而，边际地区生产总值效果系数既是投资效益的直接表现，也是投资效果系数不能随着投资增速上升而持续提高的重要原因。随着投资规模的扩大，目前各市投资增长速度正处于下行的空间，但是只要投资的边际效益不变为负值，投资对地区生产总值仍将保持积极的推动作用。在各种经济资源没有得到充分利用之前，投资的边际效益也不可能成为负值，因此，在可预见的相当长的时间内，投资仍将是经济增长的重要力量。

4. **建安投资比重**

目前理论界和实际部门均比较认可，建安投资比重越高，越有利于形成实体资产，从而提高地区生产总值的产出效益。主要是全社会固定资产投资是计算固定资本形成总额的最基本资料来源，但二者的口径又不全相同，其中土地购置费部分费用计入固定资产投资但不计入资本形成总额。如表 7-11 所示，从四市的比较情况看，重庆市建安投资比重最高且仍持续上升，天津和上海比重较为接近，北京比重最低；而且后三市占比仍持续降低，天津从 2016 年、上海从 2015 年、北京从 2014 年来均持续降低。

表 7-11　四大直辖市建安投资比重比较（单位:%）

年份	北京	上海	天津	重庆
2011	43.7	59.0	62.2	72.7
2012	47.6	59.0	61.5	70.9
2013	49.5	60.9	61.8	72.7
2014	45.9	61.7	62.5	72.5
2015	37.5	59.6	64.3	74.2
2016	37.0	57.3	62.5	76.6
2017	36.6	—	60.8	76.8
平均	42.6	59.6	62.2	73.8

以 2016 年为例，当年房地产开发企业土地购置费用占全社会投资的比重北京为 22.7%，上海、天津和重庆分别为 17.9%、4.0% 和 3.2%；占房地产开发投资的比重北京为 48.0%，上海、天津和重庆分别为 32.6%、25.2% 和 15.1%。显然，土地购置费用占比越低，建安投资占比越高，越有利于形成实体资产，从而提高地区生产总值的产出效益。这从固定资产交付使用率上也有明显体现，近年四市固定资产交付使用率由高到低依次为重庆、天津、上海、北京，即：建安投资比重越高，固定资产交付使用率越高。

（二）项目规模对投资效率的影响

建设项目的规模大小，会直接影响项目的建设效率。规模越大，建设效率会越低，从效益指标上，会使固定资产交付使用率和项目建成投产率降低、建设周期延长。

目前国家统计局对项目规模的划分，是按投资额划分为四组：即 500 万～1 亿元、1 亿～5 亿元、5 亿～10 亿元、10 亿元以上。如 2016 年（表 7-12），北京市投资总额中（不含农户、房地产），四个分组所占比重分别为 8.8%、18.8%、13.7% 和 58.7%，上海市分别为 12.5%、26.6%、

21.2%和39.7%，天津市分别为57.9%、12.4%、8.4%和21.2%，重庆市分别为42.2%、18.1%、17.0%和22.6%。

表7-12　四大直辖市2016年投资项目的规模结构比重比较（单位:%）

投资额	北京	上海	天津	重庆
500万~1亿元	8.8	12.5	57.9	42.2
1亿~5亿元	18.8	26.6	12.4	18.1
5亿~10亿元	13.7	21.2	8.4	17.0
10亿元以上	58.7	39.7	21.2	22.6

注：本表中投资额中，不含农户、不含房地产投资。

比重=该分组的投资完成额（亿元）/投资总额×100%

数据来源：国家统计局。

显然，在各分组中，北京、上海10亿元以上项目占比最高，而天津和重庆则500万~1亿元占比最高，特别是大项目数量和占比情况，直接影响各市建设效率方面表现（如表7-13所示，是四市2011—2016年10亿元以上项目投资所占比重）。对比项目规模结构的变动，各市在固定资产交付使用率、项目建成投产率、建设周期等效益指标上，均出现相应变化特点。

当然，影响项目投资建设效率指标的因素还有很多。如投资环境方面，审批环节高效、前期征地拆迁基础条件好；项目管理水平方面，项目论证充分科学、程序完备，都有利于效益指标的改善。由于这方面数据有限，我们不对各市做详细比较。另外，建设程序是否完备规范也是把“双刃剑”，程序不规范、不完整，如未批规划许可证、施工证、先施工等，一定程度上也会加快建设效率；但程序不完整通常与项目前期论证不充分、条件准备不完整等有关，容易影响日后运营及长期的宏观效益。过于严谨规范的建设程序也会影响项目进程，如恶劣天气下的行政命令停工、征地拆迁严格走完整的行政司法程序，但程序完整更有利于防范项目日后的各种风险，整体上有利于全社会的宏观效益。因此，我们还是提倡投资者、管理者、建设者都应规范管理、依法做事、诚信做人。

表 7-13 四大直辖市的 10 亿元以上项目投资所占比重比较（%）

年份	北京	上海	天津	重庆
2011	47.0	37.3	45.2	29.2
2012	52.7	33.0	31.3	30.2
2013	44.2	33.7	26.3	23.1
2014	47.8	37.0	23.2	19.8
2015	45.4	40.1	19.3	22.0
2016	58.7	39.7	21.2	22.6
2017	—	—	—	—
平均	49.3	36.8	27.8	24.5

注：本表中投资额中，不含农户、不含房地产投资。

比重=该分组的投资完成额（亿元）/投资总额×100%

数据来源：国家统计局。

（三）投资对收入分配结构效益的影响

前面分析投资对职工工资、企业利润、财政收入的影响系数三个指标中，投资工资收入系数各城市间的差距最大。（为简便起见，我们以北京和重庆作对比说明）如 2011—2016 年北京投资职工工资收入系数 0.135，是重庆 0.027 的 5 倍；北京投资企业利润系数是重庆的 3.3 倍，北京投资财政收入系数是重庆的 3.6 倍。显然工资收入系数差异最大，这种分配格局会使北京在地区生产总值分配中，更容易使劳动报酬占比升高；而重庆方面则使劳动报酬占比上升缓慢或者下降，企业收入更易上升（具体占比是上升还下降，当然要具体看其基数大小和增速）。如表 7-14 所示。

从投资对地区生产总值各构成项目影响来看，不同城市收入结构变化趋势不一，但与前面各市的相应投资收入系数差距相应。在北京、上海，投资对工资总额的拉动作用较大，且呈上升趋势，劳动者在投资中获益较大；而重庆的情况则说明劳动者在投资中获益较小。政府收入方面，天津、重庆在投资中获益也较大；企业收入方面，重庆是四个城市中营业盈余唯一上升的城市，企业在投资中的资本收益较高。

地区生产总值各构成项目的分配格局受到收入分配政策、财政和税收政策的影响，任何政策的改变将会影响到这种格局，也会影响到各要素对投资收益的分配。在不改变总体投资效益的前提下，适当提高工资率，对于提高劳动者的收入水平和消费水平，具有一定的积极意义；同时降低税率，保持合理的利润率，对于提高企业的投资热情和再生产能力有促进作用。

表 7-14　四大直辖市的收入法地区生产总值结构比较（单位:%）

城市	年份	劳动者报酬	生产税净额	固定资产折旧	营业盈余
北京	2011	48.1	15.4	15.2	21.3
	2016	52.5	13.6	13.2	20.7
上海	2011	39.5	19.0	12.9	28.6
	2016	43.4	19.0	11.9	25.7
天津	2011	38.1	15.4	13.1	33.3
	2016	40.2	16.4	12.0	31.5
重庆	2011	49.2	14.8	10.7	25.2
	2016	41.5	16.5	13.7	28.3

（四）全社会投资与资本形成总额的转换关系分析

全社会固定资产投资是计算资本形成总额的最基本资料来源，二者之间既有联系，也有区别。显然在固定资产投资额确定的情况下，资本形成总额越高，地区生产总值总量越高，可以认为是效益更好。我们用全社会固定资产投资与资本形成总额转换率来表示二者的关系，用公式表示为：转换率=资本形成总额/同期投资完成额，即每亿元的全社会固定资产投资，产生多少亿元资本形成总额。由于统计范围所限和是否是核算期内所增加的固定资产，二者主要有以下区别：

1. 减项因素

固定资产投资完成额中包括购置旧建筑物、旧设备的价值和土地征用、购置及迁移补偿费以及其他费用中不形成固定资产的部分，因它们不是核算期内所增加的固定资产，计算固定资本形成总额要将其扣除。

近年来，随着土地征用、购置及迁移补偿费以及其他费用中不形成固定资产的部分的迅速增加，这会导致计算出的固定资本形成总额小于全社会固定资产投资完成额。如表7-15所示，近年天津、重庆的转换率低于1的情况便是如此；虽然北京、上海土地购置费等占投资的比重更高，但这只能说明北京、上海在下面的增项中幅度更大，已抵消了土地购置费等减项因素。

2. 增项因素

由于统计范围所限，有些固定资本形成未纳入全社会固定资产投资完成额统计，需要加以补充计算，主要有：①总投资500万元以下的建设项目完成的投资；②新产品试制增加的固定资产；③商品房销售增值；④无形固定资产增加（包括矿藏勘探支出、计算机软件等无形固定资产的增加）；⑤未经过正式立项的土地改良支出。由于没有上述①⑤的具体数据，我们对其他几项进行简单推算比较：

（1）新产品试制增加的固定资产。这可以从研发支出进行推测。2016年地区生产总值实施研发支出改革，将研发支出计入地区生产总值，并对1996—2015年地区生产总值作了调整。以2015年为例：北京市由22968.6亿元调整为23685.7亿元，调高717.1亿元，增加3.12%；上海市调高498.5亿元，增加2.00%；天津市调高299.7亿元，增加1.81%（当年全国增加1.44%）。研发支出较多，意味着其在新产品试制增加的固定资产更多，这在资本形成总额核算中得到体现。

（2）商品房销售增值。由于我们没有完整的销售成本数据，为增强可比性，我们直接以2015年房地产业增加值（从收入角度体现为本行业职工工资、企业利润和税金）来对比。北京市2015年房地产业增加值1438.4亿元，占地区生产总值的6.1%；上海市为1699.8亿元，占6.7%；天津市为618.3亿元，占3.7%；重庆市为847.7亿元，占5.4%。显然，北京、上海房地产业对经济总量的贡献更大。

（3）无形固定资产增加。这主要包括矿藏勘探支出、计算机软件、文艺作品等无形资产价值的增加。从产业角度体现在信息传输、软件和信息技术服务业行业，科学研究和技术服务业，以及文化、体育和娱乐业等产业的无形资产增加上。以 2015 年来比较，北京市这三个产业的增加值 5196.2 亿元，占地区生产总值的 21.9%；上海市为 2463.3 亿元，占 9.8%；天津市为 1129.2 亿元，占 6.7%。显然，北京在无形资产新增上，规模大、占比高。

表 7-15　四大直辖市全社会投资与资本形成总额转换率（单位:%）

年份	北京	上海	天津	重庆
2011	1.24	1.61	0.97	0.75
2012	1.26	1.55	0.90	0.68
2013	1.25	1.57	0.87	0.62
2014	1.21	1.55	0.81	0.59
2015	1.18	1.60	0.76	0.55
2016	1.19	1.68	0.72	0.55
2017	1.22	—	—	—
平均	1.22	1.59	0.84	0.62

注：全社会投资与资本形成总额转换率=资本形成总额/同期投资完成额。

从上述对比可见，北京在科技研发试制、无形资产上，比其他城市规模更大，说明几个城市经济增长支撑点的差异，北京、上海更加突出重科技、轻（实体）资产的特点。我们以一个较长时段看，四大直辖市全社会投资与资本形成总额转换率的特点：上海市是转换率唯一持续上升的城市，“十五”、“十一五”和“十二五”时期转换率分别为 1.24、1.35 和 1.58；北京市分别为 1.35、1.25 和 1.23；天津市分别为 1.12、1.01 和 0.86；重庆市“十二五”时期为 0.64；进入“十三五”时期，各市仍延续自身的上升或下降趋势。

在资本形成总额中，实体资产与无形资产并没有固定的合理标准。但在固定资产投资额确定的情况下，转换率越高，意味着对地区生产总值的产出效益更好。但可以设想，这个转换率也不会无限制升高，当升高到某个临界点时必然下降，这意味着某个投入要素的产出下降，也就是无形资产等不会无限新增，在有形资产和无形增产等方面应当保持合理的比例结构，也就是国民经济结构中各产业之间、各投入要素之间只有保持最合理的比例关系，才能发挥各自最好的效益，从而达到整体最优。

从经济增长水平来看，上海更代表未来的发展趋势，即转换率会越来越高，无形资产、科技品牌等的价值在经济中的位置应越来越重。当然这显然需要加大科技研发投入、培育品牌价值，不断培育经济增长新动能，特别是减少对实体资本资源的依赖和投资，以切实提高经济增长质量。

（执笔人：雷来国）

第八章　固定资产投资的影响因素研究

关于固定资产投资的影响因素，出于不同的研究目的，从不同角度进行的研究探讨，得出的结论也各不相同。本章内容主要是在我国四个直辖市的固定资产投资比较研究的基础上，站在相对宏观的视角，探讨导致四市固定资产投资规模、增长速度、投资结构、投资效果等差异的几个共性因素。具体包括城市的历史沿革、城市定位、城市发展阶段和营商环境四个方面。

一、城市历史奠定投资特色

四个直辖市起源各异，定位不同。虽然随着时代的变迁，四个直辖市在管理体制、城市风貌、经济结构等各方面的差异日益缩小。但是，深入骨髓的城市历史、文化依然深刻影响着城市的发展轨迹，其中自然包括固定资产投资这个经济重要组成部分。更多时候，历史文化影响难以直接用数据图表描述，却以润物无声的方式渗透其中。

（一）上海：从港口小镇到国际化中心

上海，坐落于长江入海口在南宋时期已经成为繁荣的贸易港口，设立市镇，聚集了浓郁的商业氛围。清末时期，逐渐成为全国的贸易大港。特别是1843年后，上海被迫开辟为通商口岸，可谓是我国最早加入全球经济体系的大陆城市。近代的上海，城市的商业地位空前，城市规模迅速扩大，一度成为全国乃至亚洲最繁荣的航运中心、工业中心、商业中心和金融中心。新中国成立后至改革开放前，上海由外向型的商贸城市逐步转变为内向型的生产城市，更多地偏向对内的带动发展，但仍然是我国对外沟通交流的重要窗口。改革开放后，特别是从 20 世纪 90 年代浦东开放起，“国际化”再度成为上海发展的重要任务，发展日新月异。

（二）天津：经济重地和军事要塞交替唱主角

天津，兼具首都门户和临河临海的双重区位优势，在其城市发展史中，商业和军事因素并重，不同历史时期定位迥异。天津的发祥缘于隋唐大运河的修建，唐朝时是重要的水陆码头。元朝起，由于天津紧邻国都，其军事战略地位得以凸显，特别是明代实行闭关锁国后，天津设为“卫”，城市性质中的政治军事色彩逐渐超过了商业色彩。直至 1860 年被辟为通商口岸后，天津成为北方最早的开放城市，西方国家在中国北方的“入口”。尽管作为“卫”的军事作用丧失殆尽，却在汲取世界文明的同时，逐渐发展为当时仅次于上海的全国第二大工商业城市，北方最大的金融商贸中心。新中国成立后受城市级别变更、国家战略重心转移等多种因素影响，天津作为北方经济中心的地位一度下降。改革开放以后，天津的港口和经济中心城市地位得以再度提升。

（三）重庆：依江而兴的内陆窗口

重庆，位于长江与嘉陵江交汇处，临江而立，古称江州，在陆路交通困难的情况下，水路交通的便利性成为城市起源的重要因素，既有经济上的区位优势，也有着重要的政治军事战略地位。战国时期修筑江州城时，已经成为区域性的政治经济双重中心，此后千余年里一直是商贾云集。1890 年重庆开为商埠，成为封闭的四川盆地与世界交流的重要窗口。抗战时期国民政府迁入，再度增添了重庆的繁荣。新中国成立后重庆的经济从以商为主到工商并重，城市范围扩大、职能拓展、影响力逐步提升，最终成为直辖市。

（四）北京：一诞生就与众不同

北京，从起源上就与其他三个直辖市迥然不同。相传五帝时代北京地区就建立了“幽都”。史载周武王灭商后，在今北京地区设了蓟和燕两个诸侯国并建造城邑，战国时燕灭蓟，北京地区“统一”为燕都所在地。显而易见，北京从建城起就带着鲜明的政治色彩。自金代成为“中都”以后，更是成为典型的“政治中心”，在经济上始终是一个“消费型城市”。新中国成立以后，北京才开始着力从消费型城市变成生产性城市。北京市编制的第一个总体规划方案中就明确提出，首都性质不仅是政治、文化中心，同时还必须是大工业城市。此后城市功能定位虽有变更，但北京在身为政治中心的同时，在经济上的地位也逐渐变得难以撼动。

（五）小结与分析

由此可见，北京的起源、发展和其他三个城市分属两个类型。从地理上看，天津和上海和重庆都临海或临大江大河，只有北京例外。受此影响，从城市发展起源来看，天津、上海和重庆都主要是因“商”而兴，后期的发展壮大也是更多地得益于经济因素。只有北京城的形成和发展主要源于其政治、军事上的战略地位，新中国成立前在经济方面的优势并不显著。此外，在近代历史上，上海、天津、重庆都曾经是封闭经济下向西方开放的少数通商口岸，受西方思想文化的影响较大，北京是四个直辖市中受西方文化冲击最小的城市。

在固定资产投资领域，北京在独特的城市历史影响下形成了其他三个直辖市没有的特色。从投资结构看，北京的政府投资比较强势而民间投资活力偏弱，在固定资产投资的支柱——房地产投资中，政府主导的保障房投资比重较高，并担当着稳投资的责任。从投资管理方面看，北京的指令性、计划性比较明显，比较注重年初投资计划的制定和完成情况，以及以固定资产投资为抓手来调控经济，投资主管部门把完成年度投资目标作为一项重大任务来完成。

相比之下，从四市投资效果系数比较结果看，上海的投资效果最优，资本配置效率较高。这其中有经济结构、管理方式的影响，也渗透着善于经商、精于计算的历史传统的影响。有着浓厚“重商”传统的上海投资主管部门并不看重投资增速这个指标本身，更关注经济整体运行情况。在具体投资项目的选择、落地方面，注重实效和时效，管理者的服务意识较强，办事效率较高。

二、城市定位引领投资方向

城市固定资产投资的规模、结构、管理模式等，是城市发展思路的重要体现。而城市发展的主要理念、基本思路又与城市的定位密不可分。城市定位体现着国家发展战略和城市管理者的智慧，同时也在不同程度上受到历史、地理因素的影响。城市总体规划是一个城市发展的指南针、路线图。城市总体规划中对城市定位的表述，充分反映了一个城市的特点和规划期内的发展方向。投资则是落实城市功能定位实现发展目标的重要手段，二者的相关性不言而喻。

（一）北京的城市定位演变

改革开放以来，北京市一共有 4 版城市总体规划正式获得中央批复，分别批复于 1983 年、1993 年、2005 年和 2017 年。历次规划中给出的不同城市定位，对这一时期投资的主要方向有着直接影响。

新中国成立后，北京市最早编制的总体规划是 1953 年上报中央的《改建与扩建北京市规划草案》，该规划草案中提出，北京不仅是政治、文化中心，同时还必须是大工业城市。虽然这个规划最终未能获得中央正式批准，但新中国成立之初北京的建设基本是在这样的指导下进行的。因此工业项目建设是这一阶段的投资重点。

1983 年，新一版的《北京城市建设总体规划方案》（以下简称“83 版总规”）获得国务院批复，“83 版总规”由此成为改革开放后北京市正式获得中央批复的首版总体规划。在中央对北京“83 版总规”的批复中，北京定位的表述为：北京是我们伟大社会主义祖国的首都，是全国的政治中心和文化中心，并强调“北京的城市建设和各项事业的发展，都必须服从和充分体现这一城市性质的要求。……工业建设的规模，要严加控制。工业发展主要应当依靠技术进步。……商业和服务业应在短期内有一个较大的发展。……城市的各项基础设施是建设现代化城市的基本条例。要集中力量，加快建设”。在“去经济中心”的城市定位影响下，工业不再是这一阶段投资的重点方向，产业投资的重点向工业更新改造和服务业领域转移，同时城市基础设施投资力度加大。

20 世纪 90 年代初，北京市再次对城市总体规划进行了修订，于 1993 年获批，修订后的《北京城市总体规划（1991—2010 年）》（以下简称“93 版总规”）中，对城市性质的表述为：北京是伟大社会主义中国的首都，是全国的政治中心和文化中心，是世界著名的古都和现代国际城市。“93 版总规”提出，在经济发展方面，集中力量发展高新技术产业，大力发展第三产业，其中社会发展要与经济建设相协调。“房地产市场”作为第三产业的一部分，写入了这一版规划。也正是从这一时期开始，北京的固定资产投资除了延续之前的发展趋势外，房地产开发投资成为后起之秀，逐步占据了一席之地，为后来支撑“半壁江山”奠定了基础。

2005 年，新一版的总体规划《北京城市总体规划（2004—2020）》正式获批，对城市性质的表述和“93 版总规”基本一致：北京是中华人民共和国的首都，是全国的政治中心、文化中心，是世界著名古都和现代国际城市。城市发展目标概况为“国家首都、世界城市、文化名城和宜居城市”。总的来看，这一版总体规划延续和发展了前一版的方向，并且更加强调了区域均衡，还提出建设三个重点新城。这一时期的固定资产投资增速和结构变化，都比以前更加稳定。与此同时，在投资布局上出现了新的特点，政府投资设立并实现了郊区比重大于城区的目标，带动了全社会投资向郊区转移，城市南部地区的投资在“城南行动计划”的带动下比重也显著增加。

最新发布的《北京城市总体规划（2016—2035 年）》中，对北京的城市战略定位是“四个中心”，即全国政治中心、文化中心、国际交往中心、科技创新中心。与前三版总体规划相比，增加了科技创新中心这个战略定位。总体规划确定的发展目标是建设国际一流的和谐宜居之都。规划还提出，以疏解非首都功能为“牛鼻子”，建设城市副中心等任务。规划实施初期，大项目转移、副中心和新城基础设施建设等领域有较大的投资需求；但长期看，疏解+创新的发展模式，注定了全社会对固定资产的需求减少，投资的增速、结构都发生了历史性的深刻变化，高速增长阶段结束，基本建设投资在整个经济中的作用走向弱化，固定资产投资对经济的推动作用被研发、人才培养等“无形资产投资”代替。

纵观改革开放后的四次总体规划中对城市性质的表述，从最初的全国政治和文化中心，到增加了国际性，最后又强调了科技创新中心，北京的城市定位是逐渐丰富的。经济方面，虽然不同的历史时期地位轻重不一，但自始至终都没有“经济中心”的表述。

（二）天津的城市定位演变

新中国成立后天津编制的第一个规划蓝图是《天津市城市建设初步规划方案》，于 1954 年完成，其中提出天津为工业城市。在 1957 年的修订版中，进一步明确了“天津是综合性工业城市，南北水运的要冲，华北水陆交通的枢纽”的城市定位。1958 年天津划入河北省，此后 20 余年天津的定位问题被淡化。

1984 年天津成为全国 14 个沿海开放城市之一。1986 年《国务院关于天津市城市总体规划方案的批复》中明确：天津应当成为拥有先进技术的综合性工业基地，开放型、多功能的经济中心和现代化的港口城市。这一版规划中，提出了“全市工业布局向沿海地区转移”的重要思路，形成了滨海新区的雏形。

1994 年天津又启动了总体规划修编，形成了《天津总体规划（1996—2010 年）》，于 1999 年获批。该规划确定了“天津市是环渤海地区的经济中心，要努力建设成为现代化港口城市和我国北方重要的经济中心”的城市性质和目标定位。

《天津市城市总体规划（2005—2020 年）》确定天津的城市性质为：是环渤海地区的经济中心，要逐步建设成为国际港口城市、北方经济中心和生态城市。上一版规划中“环渤海地区的经济中心”在这一版中表述为“北方经济中心”，彰显了天津在经济方面的定位提升以及与京津的分工。

《天津市城市总体规划（2017—2035 年）》尚未正式发布。不过，

2015 年中央发布的《京津冀协同发展规划纲要》将新形势下天津的城市定位确定为“一基地三区”，即全国先进制造研发基地、北方国际航运核心区、金融创新运营示范区、改革开放先行区，划定了天津发展的大方向。

综上所述，天津的城市性质中，经济属性突出，建设经济中心是城市的重要发展目标，而且历史上较长时间内以发展工业为主。相应地，在固定资产投资领域，天津的第二产业投资比重一直比较高，2001—2013 年期间基本都是在 50% 以上，超过第三产业。2014 年开始才降到 50% 以下并略低于第三产业，这也和天津的规划发展思路从偏重经济、偏重工业向“一基地三区”等转变密切相关。与其他三个直辖市中相比，2015 年前也是第二产业投资比重最高的，2016 年开始才被重庆超越。特别是天津和北京相比，固定资产投资结构从新中国成立之初的比较接近，到如今差异化程度越来越高，体现了两个城市的逐步错位发展。

（三）上海的城市定位演变

上海在抗战胜利后就编制了城市总体规划——《大上海都市计划》，并于 1950 年正式刊印。新中国成立后上海市人民委员会编制了《关于上海城市总体规划的初步意见》，提出了“使上海在生产、文化、科学、艺术等方面建设成为世界上最先进美丽的城市之一”的发展目标，和“逐步改造旧市区，严格控制近郊工业区，有计划地发展卫星城镇”的发展路线。由于历史原因，这两个总体规划都没能很好地执行。

上海第一个经国家批准的城市总体规划方案，同样诞生于改革开放之后，于 1986 年获得国务院批复。规划明确上海是中国的经济、科技、文化中心之一，是重要的国际港口城市。规划中除了强调上海是工业基地、我国最大的港口外，还提出了在科技、金融、信息、文化领域的中心城市定位，以及有计划地建设浦东地区。

《上海市城市总体规划（1999—2020 年）》中对城市性质的表述为：我国重要的经济中心和航运中心，国家历史文化名城，并将逐步建成社会主义现代化国际大都市，国际经济、金融、贸易、航运中心之一。

2001 年国务院正式批复《上海市城市总体规划（1999—2020 年）》，

提出要把上海建设成为现代化国际大都市和国际经济、金融、贸易、航运中心之一。

《上海市城市总体规划（2015—2040 年)》中的“城市愿景”为：追求卓越的全球城市，一座创新之城、生态之城、人文之城。对城市性质的表述为：在 2020 年基本建成“四个中心”的基础上，到 2040 年将上海建设成为综合性的全球城市，国际经济、金融、贸易、航运、科技创新中心和国际文化大都市。

《上海市城市总体规划（2017—2035 年)》中的总目标是：卓越的全球城市。对城市性质的描述为：我国的直辖市之一，长江三角洲世界级城市群的核心城市，国际经济、金融、贸易、航运、科技创新中心和文化大都市，国家历史文化名城，并将建设成为卓越的全球城市、具有世界影响力的社会主义现代化国际大都市。目标愿景：卓越的全球城市，令人向往的创新之城、人文之城、生态之城，具有世界影响力的社会主义现代化国际大都市。

纵观可知，新中国成立以后，上海在较长一段历史时期是以发展工业为主，此后其城市性质中的经济成分不断丰富发展，而且突出国际性。后来的定位中也强调了人文、生态等方面，但经济仍是摆在首位。在固定资产投资方面，上海的投资规模较大、结构较为均衡，体现了其作为综合性城市的定位。四个直辖市中，上海外商投资比重最高，体现了其国际性城市的特点。

（四）重庆的城市定位演变

重庆 1997 年设为直辖市，2009 年成为“国家统筹城乡综合配套改革试验区”。2011 年国务院对《重庆市城乡总体规划（2007—2020 年)》的批复中，明确了重庆的五大定位，即：我国重要的中心城市之一，国家历史文化名城，长江上游地区经济中心，国家重要的现代制造业基地，西南地区综合交通枢纽。该规划在 2014 年进行了深化，深化版中提出建设具有强大“区域组织功能”的国家中心城市，在西部地区率先建成全面小康、城乡统筹的直辖市，建成我国重要的先进制造业基地、科技创新基地和内陆开放高地，构建功能完善的西南地区综合交通枢纽和国际贸易大通道。

国家发展改革委2016年发布的《成渝城市群发展规划》中“定位与布局”部分，对重庆表述为：围绕建成国家中心城市，强化重庆大都市区西部开发开放战略支撑和长江经济带西部中心枢纽载体功能，充分发挥长江上游地区经济中心、金融中心、商贸物流中心、科技创新中心、航运中心的作用。

由上可见，重庆的城市定位不断提升，城市功能不断丰富，全面之中突出强调了经济、交通、创新几个关键字。在固定资产投资上，四个直辖市相比，重庆近年来的一个突出特点是基础设施投资增长快，从2010年开始超过上海位居四个直辖市之首，2015年开始超过北京和天津的总和。到2017年重庆的基础设施投资已经是上海的3倍有余，体现了建设国家中心城市的力度和决心。

（五）小结与分析

通过梳理和比较四个直辖市不同历史时期编制的城市总体规划，首先可以看出，北京是唯一非“经济中心”的直辖市，在北京的历版城市总体规划中，虽然对经济发展方向的表述各异，但从来没有提过“经济中心”的定位。同时，政治中心始终是北京的突出定位。由此，北京在发展方式、投资方式上也有着鲜明的特点，如国有资本比例高、行政推动色彩较浓等。其次，其余三个直辖市中，天津的城市定位相对简单明了，突出了和北京的分工，而上海和重庆承载得更多一些，这是投资结构差异的重要影响因素。最后，各市的城市定位中，都在不断丰富经济之外的内容，包括生态、文化、国际影响力等，预示着未来投资领域拓宽空间。

三、城市发展阶段影响投资需求

固定资产投资与城市发展阶段密切相关。在城市的聚集阶段，城市人口迅速增长，城市规模快速扩张，无论是基础设施投资需求、住房需求、产业投资需求都增长较快。我国的城市发展过程中，投资驱动的模式更是较为普遍，两者的相关性也就更显著。城市规模基本稳定后，无论是经济规律作用下从聚集走向扩散，还是为了克服城市病而主动疏解城市功能，对固定资产投资的需求都必然比前一阶段有所下降，投资的结构和布局也相应地改变，结构上表现为房地产开发投资规模大幅下降、城市更新和产业更新改造投资需求代替新建需求等，布局表现为从市中心向郊区转移等。

四个直辖市都是特大城市，城市发展阶段总体上相近，同时也存在着差异。能反映城市发展阶段的指标较多，本部分综合考虑数据的代表性、可比性、可获得性等，从人口规模、经济增速、产业结构、城镇建设用地规模四个角度选取指标，对四个直辖市的发展阶段进行比较，并探讨对固定资产投资的影响。

（一）从人口变化趋势看

城市化率，即城市人口占总人口的比重，是判断城市发展阶段的重要指标。但是这一指标只适用于全国或较大的区域，如果研究对象本身就是一个城市，用该城市的“城市化率”为来判断它的发展阶段，就显得不够合理。因为城市范围内必然是以城市人口为主，由此计算出来的“城市化率”必然比较高。相比之下，由于城市的开放性，城市的发展在人口上主要表现为外来人口不断聚集导致的人口总规模增加，城市发展到较高水平后，又表现为人口增长速度下降、郊区化等扩散趋势。因此本文选取常住人口总数这一指标，从人口角度分析城市发展阶段。

北京、上海、天津和重庆，虽然在行政级别上同为直辖市，但地域覆盖范围差异较大，城区与郊区的比例关系各异，因此简单地横向比较四市人口规模意义不大，此处主要是比较人口规模变动的趋势。北京、上海、天津三市的人口规模的快速增长期主要是在 20 世纪 90 年代至 21 世纪初，到 2017 年时，三市的常住人口规模峰值均出现在 2016 年，2017 年均已经实现了由增转降。重庆不同，在 1996 年至 2004 年期间，常住人口规模是下降的，21 世纪初才进入人口快速增加阶段（详见表 8-1）。

由此可见，从人口规模的角度看，四个直辖市中只有重庆仍处在聚集的阶段，其他三个直辖市都处于从聚集到扩散的转型过程中。再看固定资产投资增长情况，2013 年以来，重庆的固定资产投资增速也一直是四个直辖市中最高的，其余三市中，北京和上海较早告别投资高速增长，天津紧随其后，与人口规模的走势基本能对应上。除了投资总量外，近十余年来投资呈现产业投资结构优化调整、投资布局向郊区转移的特点，这其中有政府主动作为的因素，也有城市发展阶段的必然性。

表 8-1　1978—2017 年四个直辖市常住人口规模（单位：万人）

年份	北京	上海	天津	重庆
1978	872	1104	–	–
1979	897	1137	–	–
1980	904	1152	–	–
1981	919	1168	–	–
1982	935	1186	–	–
1983	950	1201	–	–
1984	965	1217	–	–
1985	981	1233	–	–
1986	1028	1249	–	–
1987	1047	1265	832	–
1988	1061	1288	843	–
1989	1075	1311	857	–
1990	1086	1334	884	–
1991	1094	1350	909	–
1992	1102	1365	920	–
1993	1112	1381	928	–
1994	1125	1398	935	–
1995	1251	1414	942	–
1996	1259	1451	948	2875
1997	1240	1489	953	2873
1998	1246	1527	957	2871
1999	1257	1567	959	2860

续表

年份	北京	上海	天津	重庆
2000	1364	1609	1001	2849
2001	1385	1668	1004	2829
2002	1423	1713	1007	2815
2003	1456	1766	1011	2803
2004	1493	1835	1024	2793
2005	1538	1890	1043	2798
2006	1601	1964	1075	2808
2007	1676	2064	1115	2816
2008	1771	2141	1176	2839
2009	1860	2210	1228	2859
2010	1962	2303	1299	2885
2011	2019	2347	1355	2919
2012	2069	2380	1413	2945
2013	2115	2415	1472	2970
2014	2152	2426	1517	2991
2015	2171	2415	1547	3017
2016	2173	2420	1562	3048
2017	2171	2418	1557	3075

数据来源：2016 年以前数据来源为各市统计年鉴，2017 年数据来源为各市统计局网站发布的 2017 年国民经济和社会发展统计公报。

（二）从经济增速变化趋势看

城市发展阶段、固定资产投资和经济增速，这三者可谓紧密相连。固定资产投资需求和经济结束高速增长，是城市发展步入新阶段的表现。需要注意的是，除了城市发展阶段的影响外，经济增速受经济周期波动的影响也很明显。因此，要透过经济增速变化来判断城市的发展阶段，首先要屏蔽掉周期波动的因素和其他干扰因素。

数据显示，四个直辖市的地区生产总值和固定资产投资增速在变化趋势上都是基本一致的，由此印证了二者的相关性（见表 8-2）。四个直辖市横向比较，地区生产总值和固定资产投资增速的历史走势大同小异，目前都是处于下行阶段。不同的是，最近一波增速下滑，北京和上海进入得略早，始于 2008 年，而天津和重庆开始得略晚，始于 2011 年。由此可见，如果以地区生产总值增速作为衡量城市发展阶段的指标，四个直辖市的城市发展阶段大致分为两个梯队，北京和上海一个梯队，天津和重庆一个梯队。

表 8-2　1978—2017 年四个直辖市地区生产总值增速和固定资产投资增速（单位:%）

年份	地区生产总值增速				固定资产投资增速			
	北京	上海	天津	重庆	北京	上海	天津	重庆
1978		15.8	20.9	17.1				
1979	9.7	7.4	10.0	11.1	17.3	27.5		
1980	11.8	8.4	10.0	7.7	25.3	27.7		
1981	-0.5	5.6	4.8	6.2	10.2	20.2		
1982	7.4	7.2	4.3	8.9	5.5	30.7		
1983	16.4	7.8	8.3	10.3	32.9	6.4		
1984	17.4	11.6	19.3	15.9	29.2	21.5		
1985	8.7	13.4	10.6	8.6	41.8	28.5		
1986	8.0	4.4	5.8	8.6	13.0	23.9		15.3
1987	9.6	7.5	7.6	5.3	28.2	26.8		14.7
1988	12.8	10.1	5.8	9.5	19.7	31.7		15.7
1989	4.4	3.0	1.6	4.9	-14.4	-12.4		-1.9
1990	5.2	3.5	5.4	7.0	28.5	5.7		26.6
1991	9.9	7.1	6.0	9.2	7.1	13.7	47.1	22.9
1992	11.3	14.8	11.7	16.5	38.5	38.4	31.7	24.9
1993	12.3	15.1	12.1	15.6	54.3	83.0	33.4	45.7
1994	13.7	14.5	14.3	13.5	58.1	71.8	39.5	30.9
1995	12.0	14.3	14.9	12.3	29.7	42.6	24.4	33.5
1996	9.8	13.1	14.3	11.4	4.2	21.9	10.8	18.4

续表

年份	地区生产总值增速				固定资产投资增速			
	北京	上海	天津	重庆	北京	上海	天津	重庆
1997	10.2	12.8	12.1	11.2	9.6	1.3	14.4	15.7
1998	9.6	10.3	9.3	8.6	20.2	-0.6	15.5	34.3
1999	11.0	10.4	10.0	7.8	1.3	-5.5	-1.5	13.0
2000	12.0	11.0	10.8	8.7	10.8	0.7	7.3	16.5
2001	11.8	10.5	12.0	9.2	18.0	6.7	15.8	22.3
2002	11.8	11.4	12.7	10.5	18.5	9.6	15.1	24.2
2003	11.1	12.3	14.8	11.7	18.9	12.1	29.0	27.5
2004	14.3	14.3	15.8	12.4	17.2	25.8	20.3	27.8
2005	12.3	11.5	15.1	11.7	11.8	14.8	20.5	23.7
2006	12.8	12.8	14.8	12.4	19.3	10.8	22.0	22.2
2007	14.4	15.2	15.6	15.9	17.6	13.6	29.1	28.9
2008	9.0	9.7	16.7	14.5	-3.0	8.3	42.5	28.0
2009	10.0	8.4	16.6	14.9	26.2	9.2	47.1	31.5
2010	10.4	10.2	17.6	17.1	13.1	0.8	30.1	30.4
2011	8.1	8.3	16.6	16.4	13.3	-4.7	15.3	10.8
2012	8.0	7.5	14.0	13.6	9.3	3.7	18.1	22.0
2013	7.7	7.8	12.5	12.3	8.8	7.5	14.1	19.5
2014	7.4	7.1	10.1	10.9	7.5	6.5	15.1	18.0
2015	6.9	7.0	9.4	11.0	5.7	5.6	12.1	17.1
2016	6.8	6.9	9.1	10.7	5.9	6.3	12.0	12.1
2017	6.7	6.9	3.6	9.3	5.7	7.3	0.5	9.5

注：地区生产总值为不变价增速，固定资产投资增速按当年价计算。

数据来源：2016 年以前数据来源为各市统计年鉴，2017 年数据来源为各市统计局网站发布的 2017 年国民经济和社会发展统计公报。

（三）从产业结构看

城市从聚集到扩散的发展过程，不仅伴随着经济规模增长速度的变化，也伴随着产业结构的变化。传统理论认为，工业化是城市化的基本动力，工业化率也常被作为衡量区域发展水平的主要指标。钱纳里、霍夫曼等经济学家提出的发展阶段理论，都是主要依托工业发展水平。但现如今我国的大城市第三产业在经济中的比重普遍超过第二产业，成为经济主体。就四个直辖市而言，第三产业比重都超过第二产业，追求服务业比重及制造业和服务业融合发展已经成为共同的发展目标。这种情况下，不适合再依据工业或第二产业比重的变化情况来比较城市发展阶段的差异。因此，本部分选择以第三产业所占比重作为产业结构演变的代表性指标。

改革开放以来，四个直辖市第三产业比重都是总体呈现上升趋势，仅在个别年份有所下降（见表 8-3）。横向比较，在改革开放之初，四个直辖市的第三产业发展的“起点”差距不大，但经过近 40 年的发展，有所分化。目前，北京的第三产业比重最高，上海其次。天津和重庆历史上差距一直不大，但近两年天津的第三产业比重上升明显。不容忽视的是，四个直辖市城市性质不同，特别是北京在城市性质和产业结构上都有其特殊性，不能仅凭北京第三产业比重略高，就认定北京的发展水平高于其他三个直辖市，应当结合其他因素综合判断。

表 8-3 1978—2017 年四个直辖市第三产业产值占地区生产总值比重（单位:%）

年份	北京	上海	天津	重庆
1978	23.9	18.6	24.3	17.3
1979	24.9	18.8	23.3	17.2
1980	26.9	21.1	23.6	17.3
1981	29.0	21.5	23.9	17.7
1982	29.1	22.1	23.9	18.8
1983	31.7	23.6	25.4	20.0
1984	33.0	25.1	27.1	21.4
1985	33.4	26.0	27.2	22.6
1986	35.2	27.5	28.2	23.4
1987	36.8	29.2	28.4	25.8
1988	37.1	29.0	27.9	26.3
1989	36.4	28.8	27.9	28.3
1990	39.0	30.9	32.9	28.0
1991	43.9	34.6	34.1	29.5

续表

年份	北京	上海	天津	重庆
1992	44.5	36.1	35.8	32.5
1993	46.8	38.1	36.2	32.0
1994	49.1	39.9	37.0	31.3
1995	52.5	40.8	37.8	32.6
1996	56.2	43.7	39.7	34.8
1997	58.9	46.3	41.0	36.6
1998	61.7	48.8	43.8	39.0
1999	63.5	50.7	44.7	40.8
2000	65.1	52.0	44.9	41.7
2001	67.4	52.3	45.9	42.5
2002	69.5	52.8	46.4	42.9
2003	69.0	50.7	44.6	42.3
2004	68.3	50.6	42.3	40.5
2005	70.1	51.5	42.3	41.5
2006	72.3	51.9	42.4	42.2
2007	73.9	54.4	42.6	43.0
2008	75.8	55.7	42.8	45.5
2009	76.1	59.1	45.0	45.7
2010	75.7	57.0	45.7	46.8
2011	76.6	57.8	45.8	47.0
2012	77.1	60.2	46.6	46.4
2013	77.6	62.8	47.9	46.7
2014	78.0	64.4	49.2	46.8
2015	79.7	67.4	51.8	47.7
2016	80.2	69.8	56.4	48.4
2017	80.6	69.0	58.0	49.0

数据来源：2016 年以前数据来源为各市统计年鉴，2017 年数据来源为各市统计局网站发布的 2017 年国民经济和社会发展统计公报。

（四）从城镇建设用地规模变化看

固定资产投资，特别是基本建设投资对土地的依赖性较强。随着房地产开发投资的比重逐渐上升，固定资产投资对土地的依赖性更是与日俱增。城市的快速发展阶段必然伴随着建设用地扩张，固定资产投资也处于快速增长阶段。城市发展到一定阶段后，“聚集不经济”问题开始显现，对建设用地的需求下降，特别是中心城区的建设用地规模不再增长，固定资产投资增长的空间受限，粗放型的投资方式难以持续。

根据住房和城乡建设部发布的数据，四大直辖市中北京的建成区面积最大，2016 年时达到 1420 平方千米。但北京的建成区面积增长速度最慢，2016 年比 2002 年增加了 376 平方千米，增长率为 36%。重庆的情况则和北京相反，初始建成区面积小但增长快。2002 年时重庆的建成区面积是四个直辖市中最小的，但到 2016 年已经超过了天津和上海，达到 1351 平方公里，是 2002 年时的 3. 1 倍。上海和天津的情况分别类似于北京和重庆，只是程度上有所差别。上海 2010 年的建成区面积是 2002 年的 1. 8 倍，此后一直处于 0 增长状态。天津建成区面积增长也比较快，尤其是 2014 年以来增速上升，2016 年达到 1008 平方千米，是 2002 年的 2. 2 倍。

表 8-4　2002—2016 年四大直辖市建成区面积变化（单位：平方千米）

年份	北京	上海	天津	重庆
2002	1044	550	454	438
2003	1180	550	487	524
2004	1182	781	500	514
2005	1200	820	530	583
2006	1254	860	540	631
2007	1289	886	572	667
2008	1311	–	641	708
2009	1350	–	662	783
2010	–	999	687	870

续表

年份	北京	上海	天津	重庆
2011	1231	999	711	1035
2012	1261	999	722	1052
2013	1306	999	747	1115
2014	1386	999	797	1231
2015	1401	999	885	1329
2016	1420	999	1008	1351

数据来源：住房和城乡建设部网站-统计信息-建设统计年鉴［OL］. http：//www. mohurd. gov. cn/xytj/tjzljsxytjgb/jstjnj/index. html.

建成区面积反映城市用地的历史和现状，规划建设用地面积则反映未来的用地增长空间。《北京城市总体规划（2016—2035 年）》中提出，到 2020 年全市建设用地总规模控制在 3720 平方千米以内，其中城乡建设用地规模由现状 2921 平方千米缩减到 2860 平方千米。到 2035 年，全市建设用地总规模要缩减到 3670 平方千米左右，其中城乡建设用地要缩减到 2760 平方千米。《上海市城市总体规划（2017—2035）》中提出，到 2035 年全市建设用地控制在 3200 平方千米，与 2015 年时的 3071 平方千米相比，还有 129 平方千米的增加空间，与北京的只减不增相比已经是宽松许多。这一方面导致了北京的固定资产投资增长空间相对较小，另一方面表明了北京优化投资结构、提高投资有效性的迫切程度更高。

（五）小结与分析

从上述几个指标综合来看，四个直辖市的发展阶段上存在一定差异。北京和上海所处的发展阶段比较接近，相对而言在发展需求上偏重于疏解和转型。由于固定资产投资本身对土地、房屋的依赖性强，一旦为了控制城市规模而严格控制土地供应，必然限制了固定资产投资增长空间。同时，严格限制城市用地扩张也一定程度上导致了土地价格较高，进而导致固定资产投资中的土地费用占比较高。特别是北京，房地产开发投资常常占到固定资产投资的50%以上，多年来北京的建设用地供应规模[1]一直是四市中最少，地价四市最高，相应地，房地产开发投资中土地购置费比重多在30%～40%，居四大直辖市之首。由于费用不能形成增加值，导致计算出来的投资效果系数较低。

天津和重庆所处的发展阶段比较接近，在发展需求上相对偏重于增强自身的吸引力、提高自身的竞争力，城市规模还有一定的扩展空间。特别是重庆，从人口规模和城市用地规模看尚未结束向城市聚集的阶段。2011年以来，重庆的土地供应规模一直稳居四个直辖市之首，并且与其他三市的差距逐渐拉大，2015年开始每年重庆的土地供应量都超过了其他三市的总和。以上差异注定了四个直辖市在固定资产投资增长速度方面不可能也没必要相互看齐，特别是对于北京而言，疏解压力下更应注重投资的质量。

四、城市营商环境影响投资活力

营商环境是城市软实力的体现，对投资决策的影响不言而喻，特别是在项目审批方面的营商环境直接影响着民间投资主体的决策。当前，国务院对营商环境问题高度重视，优化营商环境也成为各城市激发民间投资活力，提高核心竞争力的重要举措。

对于各城市的营商环境，国际组织、政府机构、民间机构等从不同角度进行的评估、排名层出不穷。受指标选择、评价方式、数据来源等因素的影响，结果各不相同。

2008年，世界银行对中国30个城市/区域的营商环境进行了评估，4个直辖市均包含在内（详见表8-5）。其中上海在开办企业、登记财产、执行合同3个评估领域的排名都是四个直辖市中最靠前的，其他三个城市则各有长短。世界银行每年发布的营商环境报告中，以上海和北京为中国内地的评估样本。在2018年最新发布的报告中（详见表8-6），上海与北

[1] 指通过土地市场出让的国有建设用地宗地面积，下同。

京的差距较10年前已经显著缩小，各有长短。在开办企业、跨境贸易等方面，上海得分较高；在办理施工许可和登记财产方面，北京得分较高；在获得信贷、保护少数投资者和纳税方面，两地得分相同或相近。

表 8-5　四直辖市营商环境在全国 30 个城市/地区的排名（2008 年）

	北京	上海	天津	重庆
开办企业	6	5	8	17
登记财产	12	1	6	9
执行合同	9	4	5	8

资料来源：世界银行 . 2008 中国营商环境报告［OL］. http：//chinese. doingbusiness. org/zh/reports/subnational-reports.

表 8-6　世界银行 2018 年对北京和上海的营商环境评分

	北京	上海
开办企业	85. 19	85. 70
办理施工许可证	48. 98	45. 88
获得电力	66. 78	70. 51
登记财产	77. 18	75. 32
获得信贷	60. 00	60. 00
保护少数投资者	48. 33	48. 33
纳税	62. 79	62. 98
跨境贸易	68. 16	71. 34
执行合同	76. 34	79. 77
办理破产	55. 82	55. 82

资料来源：世界银行 . Doing business 2018：Reforming to create jobs［OL］. http：//chinese. doingbusiness. org/zh/reports/global-reports/doing-business-2018.

在国家发展和改革委员会 2018 年对全国 22 个城市开展的营商环境评价中，北京和上海分列第一和第二位。北京市精准制定“9+N”系列政策措施，聚力营商环境示范工程建设，开办企业、办理建筑许可等方面的改革取得突破性进展。上海在登记财产、跨境贸易、保护少数投资者等方面成绩突出。

粤港澳大湾区研究院发布的 2017 年中国城市营商环境报告中，广州、北京、深圳、上海、重庆营商环境依次位居前 5 名，天津名列第 11。东部地区软环境指数较高，重庆的商务成本优势突出。[1]

在中投顾问公司发布的投资环境分析报告中（详见表8-7），北京市投资环境八大要素综合得分居全国之首，相对得分较高的是消费市场规模、生活居住环境和整体经济实力三个指标；相对得分较低的是物流运量规模、劳动力充裕度和经济开放度三个指标。上海综合得分略低于北京，但从细分评估结果看，两地各有优势，上海在经济开放度、劳动力充裕度方面得分明显高于北京，北京在科技人才资源、生活居住环境方面得分明显高于上海。天津和重庆总体上落后于北京和上海，但重庆的劳动力和物流优势突出。

表8-7　中投顾问公司对四个直辖市的投资环境评估结果

	北京		上海		天津		重庆	
	得分	全国排名	得分	全国排名	得分	全国排名	得分	全国排名
综合得分	95.5	1	94.8	2	87.3	5	85.0	7
整体经济实力	98.5	2	100.0	1	94.8	3	94.1	4
经济发展质量	97.9	2	95.7	3	88.2	6	75.5	36
经济开放度	91.0	7	100.0	1	88.0	10	76.7	27
消费市场规模	100.0	1	99.8	2	85.1	8	76.0	21
物流运量规模	89.9	3	84.3	4	83.6	5	95.9	2
劳动力充裕度	90.3	4	90.5	2	81.7	9	100.0	1
科技人才资源	94.9	4	92.5	9	91.1	14	81.7	26
生活居住环境	98.9	3	87.5	22	82.7	42	89.4	16

资料来源：中投大数据．投资环境评估分析报告［OL］．http：//d.ocn.com.cn/analyse.html.

由此可见，虽然不同机构对四个直辖市的评估结果各异，但也可以从中发现共同点，即总体上北京和上海的投资环境相对较好，天津和重庆相对落后，但也各有突出的优势。当前，各地优化营商环境、吸引人才的竞争进入白热化阶段，投资环境对固定资产投资和经济发展的影响更加凸显。

（执笔人：滕秋洁）

［1］ 定军．中国城市营商环境排名出炉世界城市营商环境排名发布［N］．21世纪经济报道，2017-11-10.

参考文献：

［1］曹型荣．北京城市性质的确定和调整［J］．北京规划建设，2008（2）：98-100.

［2］陈友华．上海城市总体规划编制的历史回顾［J］．城市规划学刊：2008（z1）：23-26.

［3］定军．中国城市营商环境排名出炉世界城市营商环境排名发布［N］．21 世纪经济报道，2017-11-10.

［4］施卫良．历史回眸——北京规划 1983［OL］．https：//www. sohu. com/a/127359427_ 611316：2017-02-27.

［5］世界银行．2008 中国营商环境报告［OL］．http：//chinese. doingbusiness. org/zh/reports/subnational-reports.

［6］世界银行．Doing business 2018：Reforming to create jobs［OL］．http：//chinese. doingbusiness. org/zh/reports/global-reports/doing-business-2018.

［7］苏峰．北京城市定位的几次演变［J］．北京党史，2014（4）：35-37.

［8］邢卓．天津市历版城市总体规划［J］．北京规划建设，2007（1）：92-97.

［9］熊鲁霞，黄吉铭．改革开放后上海城市总体规划回顾与展望［J］．城市规划学刊，2012（2）：97-100.

［10］杨振江．天津定位的演变与今后目标的思考［J］．天津经济，2004（7）：4-8.

第九章　优化投资结构，提高投资宏观效益的政策建议

从四大直辖市所处的发展阶段来看，上海与北京相似，处于后工业化时期，服务业占主导地位；而天津与重庆相似，处于工业化后期，工业仍占主导地位。发展阶段的不同，导致了几个城市在投资结构特征上也呈现出比较鲜明的区别，相互比较的时候，要充分考虑到可比性。而在提高投资效益方面，城市之间都有可以借鉴的地方，值得北京参考。本章重点从认识与建议的角度，谈一谈未来北京优化投资结构，提高投资宏观效益需要考虑的几个关键点。

一、要在多重维度下综合评判投资效益

梳理大量研究文献发现，学术界对投资效益、投资效率和投资效果这三个说法，既有联系又有区别。事实上，在评价时很难对这三者的界限进行清晰区分，三者的评价指标也存在交叉混用，评价内容既包括投资对拉动经济增长的宏观效果，也包括投资对就业、税收、工资水平的中观影响；既包括投资项目总体规划对促进产业升级、社会公平、环境友好方面的影响，也包括对单个投资项目实施效果和投资回报的具体考量。

根据百度百科，投资效益亦称“投资经济效益”，是投入固定资产投资活动的社会劳动（包括活劳动与物化劳动）消耗与取得的有效成果之间的对比关系。通过投资所取得的经济效益，首先表现为新增固定资产，或新增生产能力与事业发展能力；其次表现为固定资产投入使用后增加的社会产品和劳务对国民经济和社会发展的净贡献。可以分为国民经济效益

(宏观效益)、社会效益和财务效益（微观效益）。具体而言：

一是投资拉动经济增长的能力（宏观效益）。一般用年度投资与当年增量产出之比来反映，同时兼顾项目周转的效率。

二是投资对促进社会公平和城市可持续发展的作用（社会效益）。如投资在促进产业结构转型升级、基础设施与公共服务均衡化、缩小居民收入差距、维护生态环境等方面的效果。

三是能否满足项目规划初衷及获得较好的投资回报（微观效益）。通过分析影响项目实施进展的各类因素，重点关注项目落实和完成情况。

本章所指的投资效益，事实上也是包含了这三个层面的意义。从指标上，我们经常运用投资效果系数、固定资产交付使用率、建设周期等指标来定量分析；从工作角度，也会结合项目实施过程和实际效果进行定性分析。目前来看，各城市更注重投资的宏观效益，即投资对 GDP 的影响，相对忽视了中观效益和微观效益。因而，会出现重投资、轻运营，项目建成后利用率不高，与实际需求无法有效对接的问题。

因此，在评判投资效益时，首先就是要在观念上转变。投资效益的评价标准是多重的，且各标准之间还可能存在矛盾，比如短期看拉动 GDP 有效，但长期看形成过剩；对拉动经济增长有效，但对生态环境和社会公平形成负面影响等。因此，不能只凭个别指标，就简单判定投资效益的好坏，而是要结合不同的发展阶段和政策目标需求做出取舍。

特别是，一些当期“看上去很火”的投资更容易成为未来的低效甚至无效投资。与市场自发行为相比，政府产业引导政策更容易引起大规模投资热潮，往往为未来形成新的过剩埋下了风险，这对政府加强投资管理，预判投资趋势的能力提出了更高的要求。

二、要结合发展阶段理性客观看待投资增速

综合分析投资与经济增长走势，可以看出经济增长动力转换的过程。1978 年以来，北京市投资主导型经济特征比较突出，投资大幅增长，在

1994 年投资增速创出了历史最高水平（58.1%）的同时，投资率[1]也达到了 68.8% 的峰值。这一阶段，投资增速与 GDP 增速关联度较强，基本同升同降。随着消费率后来居上，投资增速波动幅度减小，且与 GDP 时而出现了背离走势，经济增长进入“双轮驱动”时期，消费的作用正在逐渐增强。直至 2006 年消费率超过投资率后，除掉个别年份的特殊情况（2008 年奥运停工，2009 年大幅反弹），投资增速一路下降趋势明显，对同期 GDP 增速的影响正在进一步减弱。

与发达国家相比，北京市投资率仍然偏高。1960 年以来，美国投资率基本维持在 22% 的水平；韩国投资率遵循“钱纳里模型”中的经典曲线（即在工业化和城市化进程中，投资率会呈现一个从低到高、再从高到低并趋于稳定的“马鞍形”变化轨迹），从 1960 年的 10.5% 上升到 1991 年的 41.4%，随后逐渐回落到目前约 30% 的水平；日本投资率由 1970 年的 40.9% 的高点下降到 2015 年的 23.9%。2017 年北京市投资率为 39.2%，分别高出美国、韩国和日本 16.5、6.9 和 13.0 个百分点[2]。

北京和上海类似，目前已经步入后工业化时期，经济增长速度放缓是正常现象，在这一阶段投资增速放缓也是正常现象，要有正确的认识。当前北京人均 GDP 已达到 16278 美元，经济发展进入较为成熟阶段，资本积累的重心转移到人力资本、技术资本方面。投资带动经济增长作用的发挥更依赖于消费需求增加、社会协作程度提高、技术水平和劳动生产率提高、社会环境改善等。2017 年，北京发布了《城市总体规划（2016—2035）》，进一步明确了北京的战略定位和方向，提出了减量发展的概念。其中与投资直接相关的，一是城市建设用地规模的减量，对新增用地和新增产业，都有严格约束，城市建设也从原来大规模建设的扩张期，进入了内涵提升期。二是城市功能定位调整，制定了新的禁限目录，限制和疏解和不符合首都功能的产业。三是重点发展轻资产特征比较明显的一些高端产业，而这些产业恰恰并不依赖大规模投资。因此，总的投资增速已经不

[1] 这里指资本形成率，下同。

[2] 资料来源：北京市发展和改革委员会投资处委托课题《关于本市全社会固定资产投资支撑经济增长的机制研究和相关政策建议》，2017 年。

适宜作为新时期关注的重点。

事实上，上海早从 2010 年起就不再将投资增速列为考核指标。在上海世博会期间，也曾经历过投资增速大幅下滑的过程，而后随着经济发展、城市更新等进程逐步恢复，目前保持6% ~7% 的水平。以往，北京对总投资增速比较关注，但十九大以来，政府投资工作思路有所转变，抓实体投资和有效投资成为主导思想，将注意力更多地放在了建安投资指标上，这是一种可喜的变化。今后可以结合高质量发展的要求，更多关注建安投资、研发投资、人力资本投资等符合首都发展定位的领域。

三、要优化投资结构促进高质量发展

从产业结构来看，北京和上海是典型的“三二一”格局，以服务业为代表的第三产业占主导；而天津和重庆是“二三一”格局，第二产业占主导。而投资结构与产业结构具有高度的相似性，可以看出投资在产业结构调整中发挥了巨大作用。

当前，北京已形成以服务业为主的经济结构，与传统制造业需要投资大量厂房、设备不同，金融业、科研创新业、文化创意产业等现代服务业主要投资于人力资本、科技创新和技术升级，固定资产投资较少，但是投资效果系数较高，对拉动 GDP 增长效果显著。在服务业投资比重占到90% 的情况下，调整好服务业投资的内部结构，有效引导服务业符合北京发展方向，是未来的重点，也是提高投资效益的必要举措。

结合新版城市总规对未来首都功能的定位，未来投资重点方向应该集中于促进首都高质量发展的领域，主要是：

（一）积极投向代表首都产业发展方向的高精尖行业

发挥投资引领带动作用，坚持创新驱动、高端引领、开放共享，增强经济内生增长动力，培育新供给、促进新消费，在全国率先构建服务经济主导的产业结构基础上，加快向生产性服务业主导的“高精尖”经济结构升级，确保首都经济在平稳增长中提质增效升级。聚焦价值链高端环节，促进金融、科技、文化创意、信息、商务服务等现代服务业创新发展和高端发展，优化提升流通服务业，培育发展新兴业态。培育壮大与首都战略定位相匹配的总部经济，支持引导在京创新型总部企业发展。支持以“三城一区”为主平台的科技创新业发展。

（二）从区域协同的视角发挥投资引领带动作用

推进京津冀协同发展投资。从交通、生态、产业等重点领域率先突破，着力构建协同创新共同体，推动公共服务共建共享。对接支持河北雄安新区规划建设，强化交界地区规划建设管理，优化生产力布局和空间结构，建设以首都为核心的世界级城市群。重点是五个支撑，即构建显山露水、品质优良的生态体系；产城融合、创新驱动的产业空间体系；共建共享、协调集约的基础设施体系、京畿特色、多元活力的文化体系；设施均好、区域均衡的公共服务体系，促进城市群可持续发展。

全力支持雄安新区建设。按照网络化布局、智能化管理、一体化服务要求，构建便捷通勤圈和高效交通网。支持在京资源向河北雄安新区转移疏解，鼓励引导在京企业和社会资本积极参与，推进产业科技园区和公共服务等方面的全方位合作。

支持中心城区等重点区域城市更新建设。城六区是首都核心功能的主要承载区，要紧紧围绕疏解非首都功能、提升优化首都功能、建设国际一流的和谐宜居之都主线，着力推进城市修补和有机更新，建设国际一流和谐宜居城区。坚持调整疏解与优化提升并重，以平房院落修缮、棚户区改造、文保区保护修缮和环境整治为重点，努力打造人居环境良好、历史风韵凸显、充满生机活力的核心区。紧紧围绕增强服务保障首都核心功能，提升产业发展层次，优化完善城市功能，推动区域内涵、集约、高效、均衡发展。

大力支持北京城市副中心建设。要坚持世界眼光、国际标准、中国特色、高点定位，以最先进的理念、最高的标准、最高的水平，坚持基础设施和生态环境建设先行，注重创新就业与居住功能均衡，着力打造国际一流和谐宜居之都示范区、新型城镇化示范区、京津冀区域协同发展示范区。

促进城乡、南北均衡发展。以国家新型城镇化试点为契机，加强分类指导和特色发展，打造一批功能定位清晰、配套设施完善、生态环境优良的功能性特色小城镇。充分发挥财政资金的引导和杠杆作用，鼓励社会资本参与特色小城镇建设。促进基础设施城乡统筹和基本公共服务均等化。在保留村庄特色和田园风光的基础上，推动新型农村社区建设，建设一批美丽乡村。继续落实第三阶段“城南三年行动计划”，加大城南地区投资，缓解发展不平衡问题。加大城南交通和市政设施投资，提升基础设施水平。加强教育、医疗、文化、养老等优质社会公共服务设施投资，提升城南民生保障水平，缩小南北差距。加大城市精细化管理投资，提升城市管理水平，逐步实现城市运行保障和公共安全管理智慧化和便利化。

（三）大力促进提升人民美好生活质量的投资

强化基础设施投资。着眼服务首都核心功能与便利市民生活，突出问题导向、突出内涵集约、突出发展引导、突出安全保障，着力补齐城市建设短板。优化轨道交通及路网建设，投资电动汽车充电设施，完善城市交通毛细血管功能。加强地下综合管廊和城市管理智能信息系统建设，打造系统完善、便捷高效、安全可靠、协调一体的基础设施体系，不断提升城市基础设施质量和运行效率。

拓展生态环境投资。统筹生产、生活、生态布局，努力增加绿色生态空间和环境容量，以更大的决心、更严的要求、更高的标准治理环境污染。加强京津冀联动，积极防治大气环境污染。优化垃圾分类处理方式，加强污水治理。继续拓展城市绿色空间，大力推进海绵城市建设，着力建设绿色生态家园。推进清洁能源转型，建成以电力和天然气为主体、地热能和太阳能为补充的清洁能源供应体系。

发力文化功能投资。围绕更好发挥全国文化中心凝聚荟萃、辐射带动、创新引领、展示交流和服务保障功能，统筹保护和利用历史文化资源，完善公共文化服务体系，推动文化创意产业蓬勃发展，建设中国特色社会主义先进文化之都。加强历史文化名城保护投资，重点围绕老城保护、文物保护与腾退，保护和传承历史文化。加强城市设计，大力发展绿色建筑。高水平建设重大功能性文化设施，发挥投资引导作用，构建分工合理、各具特色的文化功能区空间布局。

保障公共服务投资。坚持以人民为中心的发展思想，围绕人民关心的问题、身边的问题、感受深切的问题，重点在住房保障、教育、医疗服务、公共体育设施、养老服务等方面优化公共服务资源布局；缩小城乡基本公共服务差距，提高新城和生态涵养区优质公共服务水平；引入社会资本，创新体制机制，拓宽优质公共服务供给方式，增强保障能力，提高服务效率，让市民有更多更直接的获得感，生活更加幸福。

四、要结合发展规律理性对待房地产开发投资

北京市固定资产投资的三大主要领域是房地产开发投资、基础设施投资和工业投资。其中，房地产开发投资长期占据全社会固定资产投资的“半壁江山”，一方面，房地产投资比例过高给北京市投资带来结构性风险；另一方面，房地产投资是主导北京市投资走势的关键力量，对房地产投资调控力度和火候的把握，可以直接影响到投资增速。

与其他三个直辖市相比，北京房地产投资占比最高，对投资的影响最大，这与北京市土地价格持续攀升有关。但由于房地产投资中近一半都是土地购置费用，这一部分并不计入资本形成，因此对于 GDP 的贡献较少。房地产投资比重过高，使得总投资对房地产的依赖性过高，风险更加集中，一旦房地产市场出现变化，将直接影响投资走势。同时，费用比重高，也使得投资效益偏低。

我们在数次研究中都曾指出，为优化投资结构，应适当降低房地产投资比重。但是同时，这种调整不宜过猛，否则将带来一系列的政策风险，而市场修复有个过程，后续影响效应短时间内也将难以消除。正因如此，既不能任由房地产投资无序发展，也不宜猛踩刹车、一棒子打死。应从完善房地产市场环境、提高投资质量的角度，保持房地产投资相对稳定，同时结合投资结构调整，逐步达到优化房地产投资比重，提升投资效益的目

的。重点关注以下三个方面：

（一）保持房地产调控政策的稳定性

据不完全统计，十余年来全国及北京市出台的各类房地产调控政策文件超过 200 个，房地产市场至今仍未走出“房价上涨—政府调控—市场遇冷—政府救市—房价反弹”的“政策市”循环，市场的自我调节能力发展缓慢。从 2006 年以来的房价指数数据看，北京市房价波动周期为 3 年，与中国香港、日本东京约 10 年一个周期相比，波动显然更加频繁[1]。调控政策时松时紧、反复变动使得市场各方无法形成稳定一致的预期。每一轮调控均是短时间内“多管齐下”，单项政策的有效性难以评估，无法为未来的调控提供科学的经验数据。

政策发挥效力需要时间。从北京市 2006 年到 2016 年间 3 个周期的历史数据看，政策出台后首先导致成交量下降，从量降到价降则用时不一。二手住宅从成交量下降到价格指数环比下降需要 4 到 14 个月，从环比降价到同比降价需要 5 ~ 18 个月，新建商品住宅则分别需要 12 ~ 21 个月和 3 ~ 6 个月。如果期间没有加码政策出台，可能还需要更长时间。因此，新政出台后应该给市场 1 年以上的调整时间。对政策出台后的短期波动提高容忍度，特别是对政策打压下的“逆市反弹”应理性分析，不能看到反弹就认定政策力度不够，进而急于加码。

（二）保证土地供给的稳定性

房地产投资受供地影响比较直接。2010 年以来，北京市住宅用地供给量总体呈现下降趋势，仅在 2013 年和 2018 年上半年同比增速为正。特别是受 2015 年以来土地供给大幅减少的影响，2017 年以来，房地产新开工项目一直较少，房地产开发投资也一直延续下降态势，2018 年一季度新开工面积更是不足上年同期的一半。虽然 2017 年下半年土地供给量有所增

---

[1] 资料来源：北京市经济与社会发展研究所 2017 年财政课题“北京市商品住宅价格变动规律研究”。

加，但由于一般的商品房项目从土地成交到开工形成投资，通常需要 1 ~ 2 年的时间，再加上房地产市场总体基调仍未回暖，因此房地产开发投资的回升仍需一段时日。

（三）优化用地结构，提高土地使用效率

按照新版城市总规的要求，未来北京要实现减重、减负、减量发展，到 2020 年，城乡建设用地规模减少到 2860 平方公里左右，2035 年减少到 2760 平方公里左右。这就要求必须统筹生产、生活、生态空间，压缩生产空间规模，提高产业用地利用效率，适度提高居住用地及其配套用地比重，形成城乡职住用地合理比例，促进职住均衡发展。因此，要进一步促进土地的集约高效利用。

1. 结合疏解腾退，优化用地结构

统筹把握生产、生活、生态空间的内在联系，增加生态、居住、生活服务用地，减少种植业、工业、办公用地。大力疏解不符合城市战略定位的产业，压缩工作、仓储等用地比重，腾退低效集体产业用地，提高产业用地效率。以国有低效存量产业用地更新和集体产业用地整治改造为重点，促进产业转型升级。调整优化居住用地布局，完善公共服务设施，扩大公共绿地，促进职住平衡，改善人居环境。以生态保护红线、永久基本农田保护红线为基础，将具有重要生态价值的山地、森林、河流湖泊等现状生态用地和水源保护区、自然保护区等法定保护空间划入生态控制线。

2. 优化审批流程，保障土地及时供应

着力加强重点建设项目和民生用地保障，对一些重点建设项目，实行用地审查绿色通道，支持重点项目办理先行用地，保障项目及时开工建设。加大用地结构性审查把关力度，优化用地供应结构。建立部门联动机制，对严控的用地项目共同审查把关，确保政策落实到位。落实“放管服”要求，在系统梳理用地预审和用地审查事项基础上，改进和优化建设项目用地预审和用地审查，优化审查内容，缩短审批周期，提高审批效率。加大信息化服务与管理力度，促进用地审批行为监管。

3. 积极探索创新，提高土地利用效率

积极稳妥推进农村集体经营性建设用地改革试点，及时研究解决试点中存在的问题。进一步落实《北京市人民政府关于加快科技创新构建高精尖经济结构用地政策的意见》，在19个重点区域中启动“弹性年期出让土地和土地年租制”，控制和降低土地使用成本，为产业发展提供有力保障。

五、要抓住城市更新契机优化基础设施投资

基础设施投资是全社会固定资产投资的重要组成部分，从北京基础设施投资比重来看，“十二五”时期以来在25%～30%波动，与重庆比较近似，上海、天津基础设施投资比重在20%左右，略低一些。

基础设施投资是影响投资走势的第二大因子。特别是近两年，在房地产投资负增长的情况下，基础设施投资是影响每年投资能够保持正增长的关键性因素，也是体现投资效益的重要因子。因此，要想在房地产投资尚未恢复且未来面临投资结构调整的同时，依然保持投资增长，且提高投资的宏观效益，就必须从基础设施投资中挖掘潜力。现阶段，要紧紧抓住北京非首都功能调整和城市更新的契机，做好基础设施投资的文章。

（一）着眼于提前谋划，注重基础设施与城市功能融合

世界城市在发展过程中，基础设施经历了三大变化过程：一是从城市中心城区的建设逐步向外拓展到区域间的协调建设；二是从单纯加强基础设施的能力建设过渡到基础设施与城市功能相融合，促进城市发展；三是基础设施由数量扩张逐步向品质提升转变。由此，未来基础设施发展需要进一步加强经济社会发展规划对基础设施的引导作用，加强整体统筹，更有前瞻性地推动基础设施与城市功能的融合，适应经济社会发展的新需求。

（二）着眼于促进均衡，注重城市功能提升与布局优化

结合北京城市总体定位和功能区发展定位，聚焦重点领域，推进差异

化特色化发展。存量基础设施（核心区）要加快基础设施的改造、升级，注重提升品质；新增基础设施（新城区）要结合非首都功能疏解和人口规模调控需要，超前制定区域配置规划，立足打造现代化的智能城市模式。注重区域布局优化，一方面加强南城、农村远郊区县和城乡接合部的基础设施建设；另一方面要立足京津冀协调发展，从更大的区域范围统筹规划基础设施建设布局，满足区域一体化需要。

（三）着眼于激发活力，注重创新投融资管理体制机制

积极推进基础设施领域的投融资体制改革。一是进一步为社会资本进入创造条件。全面落实新修订的政府核准投资项目目录，全面清理前置审批和非行政许可审批事项，提高审批效率，推动工作重心由事前审批向事中事后监管转变。二是全面落实国务院创新重点领域投融资机制、鼓励社会投资的指导意见，在交通设施等重点领域推出具体政策，分行业制定PPP项目管理办法，完善营利性资源综合利用机制，加快打通社会资本进入通道。三是积极有序推进价格改革，为进一步推进基础设施资产证券化等融资体制改革创造条件。四是加强基础设施投资全过程管理和效果评价，确保规划落到实处。

（四）着眼于绿色发展，注重促进人与自然和谐共存

在后工业时期，基础设施建设要更加注重绿色环保和循环发展，特别是结合北京当前面临的环境、空气等问题，更要突出基础设施在能源、供水、交通等方面的绿色建设理念。一方面，在规划时，要强化基础设施与经济发展规划、交通规划以及其他公共规划的统筹协调，使基础设施建设与绿色发展、低碳经济有机融合，大力构建城市绿色基础设施网络。另一方面，加大技术创新力度，引入先进的技术手段，加强污水处理、垃圾分类回收等新技术推广和应用力度，提高资源回收利用程度。

（五）着眼于推进落实，尽量消除影响投资进展的微观因素

针对影响投资进度的各类现实问题，要从实际出发，加强协调，逐一

破解。对前期政策和规划未能取得突破的项目，加快政策制定与规划推进速度，力促项目尽早开工。结合拆迁集中的房屋拆迁、树木伐移、占用基本农田、管线拆迁等具体问题，加大协商和调度力度。探索行政审批集中办理机制，切实提高审批效率，同时引导施工单位依法合规建设，加大监督检查力度。理顺城市基础设施产品和服务的价格形成机制，完善投资回报补偿机制，政府投资可采取补助、贴息或参股等形式，加大对社会投资的引导。同时加强制度建设和监管力度，引导社会资本有序进入，形成良性竞争。

六、要以提升投资质量为目的扩大建安投资和技改投资

建筑安装工程投资简称“建安工程投资”，是指进行建筑安装工程过程中所发生的各项费用的总和，是构成基本建设投资的主要组成部分。按工程作业对象和生产技术的不同，分为建筑工程投资和设备安装工程投资两类。前者包括各种房屋、构筑物、设备基础、支架等建筑工程的费用，后者包括生产、动力、起重、运输、传动等各种需要安装设备的安装工作以及测定安装工程质量、无负荷试运转的费用[1]。建筑工程投资必须经过兴工动料，通过施工活动才能实现。在安装工程中，不包括被安装设备本身价值。

在投资的各项构成中，真正反映实体工作量的建安投资是对经济增长拉动作用最直接有效的部分，也是真正能够转化为宏观效益的指标。但北京市建安投资在全市固定资产投资中的占比较低且近年来下滑较多，“十二五”时期北京市建安投资占全市投资的比重为44.6%，2016年这一比重降至1991年以来的最小值（37.1%），低于全国水平[2] 31.4个百分点，也低于其他三个直辖市的水平（上海57.3%，天津62.6%，重庆76.6%）。2017年以来，北京建安投资比重进一步走低，2017年年底降至

[1] 王文元，夏伯忠．新编会计大辞典［M］．沈阳：辽宁人民出版社，1991.
[2] 2016年数据按固定资产投资（不含农户）计算。

36.6%，2018 年 1—7 月更是降低到 26%。

建安投资的下降，一是近年来随着经济步入新常态，北京主动调结构、转方式，大力发展高精尖经济结构，以服务业为主的投资替代了原有的工业投资，建筑安装工程的数量也随之减少；二是受国家调控房地产市场和供地放缓影响，近年来北京房地产项目开工数量明显减少，进而导致建安工程数量下降；三是在当前的宏观投资环境下，投融资成本较高，实体产业投资增长乏力，也影响到建安投资的扩张；四是短期内建安投资下降，可能与项目前期推进不顺利、工期延长有关，未能将工作量及时转化为投资。

在固定资产投资增速下滑的阶段，我们更应关注建安投资的增长情况。从其月度增速来看，进入 2016 年以后，建安投资基本上保持了月度正增长，增长趋势较 2015 年向好，但其占总投资的比重却在下降，说明提升的空间依然较大。除了客观因素需要逐步改善外，进一步深化投融资体制改革，继续完善相关政策优化投资环境，提高投资审批效率，促进投资尽快落地，也是提升建安投资的有效手段。

技术改造投资是我们需要关注的另一关键指标。固定资产投资中的建设项目一般可分为新建、扩建、改建和技术改造等。新建指从无到有开始建设的项目。扩建指扩大原有产品的生产能力（效益）或增加新的产品生产能力，而增建的主要的生产车间（主要工程）、分厂、独立的生产线。改建和技术改造指现有企业、事业单位，对原有设施进行技术改造或更新。在各项投资中，技术改造投资被认为是投资效益较高的，是实现以内涵为主的扩大再生产的重要方式。金融危机后，欧美等发达国家纷纷将更新改造作为“再工业化”战略的重要手段，通过大力推进自主创新和科技进步来提高投资效率，恢复经济增长。[1]

长期以来，我国技术改造投资在固定资产投资中所占份额偏低，重复建设现象严重，总体投资效率低下。主要原因在于技术改造投资缺乏有力

[1] 资料来源：北京市经济与社会发展研究所 2016 年自主课题“供给侧结构性改革背景下的北京投资有效性研究”。

的金融支持、企业技术创新能力不足以及政府注重用投资来扩大生产规模等。就北京市而言，投资仍然以外延式增长为主，新建和扩建投资比重超过 70%，改建和技术改造比重偏低，二者差距高达 60 个百分点。“十二五”时期，北京市新建投资呈现稳中上升趋势，2015 年增速达 68.4%，技改投资则下降 11.6%。其中工业技改投资偏低，反映出制造企业的创新能力不高。同时，由于北京工业投资比重较低，技改投资所占的份额也比较少。

相关研究表明，同样的投资用于企业技术改造比用于基本建设，一般来说利税可高出一倍，建设周期可以缩短一半。《北京城市总体规划(2016—2035 年)》提出要实现城乡建设用地规模减量，特别是要压缩生产空间规模，构建高精尖经济结构。这也意味着固定资产投资将更多地集中于符合首都功能定位的产业设备、技术升级、降低资源消耗等更新改造投资。因此我们在关注投资指标数据时，应更多地关注技术改造投资的规模及增速。目前，北京市统计年鉴中，已不再列出技术改造投资；但在上海市统计年鉴中，该指标仍对外发布，体现了两市投资关注重点的细微差别。

七、要改善营商环境激发民间投资

北京市政府主导型经济特征明显，体现在投资上也是如此。由于北京市中央和国有控股单位多、经济总量高，国有投资比重较高，投资格局呈现出“大国有、小民间”的特点。“十二五”期间，国有控股投资完成 20278 亿元，占固定资产投资的 58%。2016 年上半年，全市国有及国有控股投资项目个数和计划总投资分别增长 5.3% 和 24.2%，完成投资增长 21.3%。电力、交通、水利行业，卫生、文体娱乐行业国有及国有控股投资增速均超过两位数，占整个行业全部投资的比重保持在 9 成左右。

在这样的背景下，北京市民间投资占比在四个直辖市中是最低的，一直在 30% ~40%。受近几年全国民间投资下滑的大环境影响，北京市民间投资增速也在反复波动中下行。而民间投资中的房地产投资占比将近

90%，2018 年一季度房地产民间投资下降 16.5%，对整体民间投资的影响比较大。

北京市民间投资下滑的原因是多重的，一方面是全国性问题，是全国经济增速放缓，产业结构调整，企业信心不足等多重因素交织叠加、共同作用的结果；另一方面也是北京市疏解非首都功能，主动加大产业结构调整力度的必然结果。民间资本活跃的传统行业在北京市都属于禁限范畴，一些民间资本纷纷将大部分产能转移到外省市，例如京东集团仅在京保留了一个自动化物流基地，客观上带来固定资产投资减少。此外，北京生产要素成本领跑全国，对于一些初创期的企业，高昂的土地、人工、资金和审批成本，都会降低其存活概率和投资意愿，迫使企业将投资外移。从营商环境上看，北京相关政策执行的灵活性和政府服务效率、观念等方面与江浙一带、深圳等地相比并无优势，民企也更愿意选择营商环境相对更完善的城市。

民间资本的发展状况也是一个地区经济活跃程度的重要体现。继续加大民间投资促进力度，鼓励和引导民营经济健康发展，需要全市各领域进一步解放思想、统一认识，破除思维惯性和工作定式，积极地从政府主导向主动服务转变。要严格落实好国家及本市已经出台的各项政策，同时进一步加大改革创新力度，加强部门间协调配合，形成促进民间投资的合力和长效机制。具体来讲：

（一）进一步完善营商环境

继续取消和下放一批行政审批事项，进一步简化审批程序。按照立项审批权限，推动市有关部门同步下放审批权限。做好已取消和下放区级行政审批事项的落实和衔接，加强事中事后监管。建立健全纵横联动协同监管机制，进一步精简投资审批，创新投资管理方式和投融资机制。

（二）加大资金支持力度

在投资方向上，加大对公益性、基础性建设和转型升级领域的投入力度，发挥政府投资对民间投资的引导和放大效应，加大对民间投资的融资支持，利用专项建设基金、企业债等融资手段和多层次资本市场对民营企业股权和债权融资支持；在投资方式上，对符合有关政策规定和条件的民间投资项目，通过投资补助、基金注资、担保补贴、贷款贴息等方式给予支持；在投资对象上，要一视同仁、平等对待，确保对民营企业的支持力度。

（三）进一步放宽市场准入

细化落实投融资体制改革配套制度安排，消除各类隐性障碍，为民间投资进入到电力、电信、交通、油气、市政、公益事业、养老、医疗、教育、文化、体育等领域，创造条件，切实维护民间投资的合法权益。鼓励和引导国有企业以市场化方式逐步退出非主业竞争性领域，吸引民间资本进行股权投资和项目投资。

（四）优化民间投资行业结构

结合疏解非首都功能，构建“高精尖”经济结构的重点任务，优化创业创新环境，完善双创政策措施，扩大创业投资来源，构建创业创新生态，同时推进煤炭、钢铁等重污染、高能耗行业有序退出，优化民间投资行业结构，积极拓展经济发展新空间，推进新技术、新产业、新业态健康发展。

八、要重视政府监管防控投资风险

2015 年以来，国家务相继取消和下放了 800 多项行政审批事项，政府“放管服”改革取得了明显成效。但是，“放”并不等于放任不管，而是在政府的有效监管下，维护市场秩序的公平公正。在简化行政审批职能之后，如何强化事中、事后的监管，是下一步需要面对的重大课题。

北京近年来在投资项目审批方面，也对相关事项进行了大幅精简，特别是近些年又探索推行了公共服务类建设项目投资审批改革试点“一会三函”制度，并正在准备试点企业投资项目承诺制等。这些制度在加快项目投资和开工进度，提高投资效率上的效果是显而易见的。

但是，随着政府行政审批事项大批量取消或权力下放，事前的准入监管功能大大削弱。政府虽然放开了该放的手，但是现实中的事中、事后监管却不能及时跟上，二者中存在“空白地段”，也就造成了政府监管中的漏洞。特别是在风险防范方面，拿“一会三函”来说，由于会、函本身并不具有相应的法律效力，在与有关上位法产生冲突时候如何处理，将直接关系到日后的责任认定。先开工、后补手续，一旦发生涉及安全生产方面的重大事故，影响面巨大，因此在操作中一定要更加谨慎。而且，在如今的发展阶段，随着大数据、云计算和“互联网+”等技术的出现，市场风险也进一步呈现出综合性、危害放大性、地域扩散性等特点，而政府监管的能力和手段都滞后于市场的快速发展。因此，政府必须与时俱进，创新监管方式，优化服务手段，切实履行好事中事后监管职能，加强投资项目过程监测评估和投资效果评估，为重大项目建设和市场安全运行保驾护航。

（执笔人：于萌）

借鉴篇

JIEJIAN PIAN

第十章　迈向高质量发展的天津固定资产投资趋势研究

"十三五"时期是加快实现中央对天津定位、全面建成高质量小康社会的关键时期。两年多来，天津始终以习近平新时代中国特色社会主义思想为指引，牢固树立和践行新发展理念，以"三个着力"重要要求为元为纲，积极抢抓京津冀协同发展、进一步扩大对外开放、经济社会转型的重要历史窗口期。随着经济发展进入新常态，以高投资带动经济增长的模式发生重大变化。为进一步推动全市经济向高质量发展，发挥投资对优化供给结构的关键性作用，天津积极把握优势资源，在加快实施项目带动战略，调整优化投资结构，推动投资体制改革等方面取得显著成效。目前，全市实体经济投资效益明显提高、投资活力显著增强，投资结构逐步优化，发展短板加快补齐，公共服务功能更加完善，这为天津经济社会持续健康发展提供了重要支撑。

一、天津固定投资运行的主要特征

（一）投资总量明显增加，增长趋势具有阶段性特征

近十年来，天津固定资产投资增速经历了高速增长、平稳整张、增速下滑三个阶段（详见图 10-1）。2007 年至 2011 年间，天津固定资产投资呈高速增长。6 年间，全市年均增速达到 36%，在 2009 年达到最高增速 47.1%，高于同期全国固定资产投资年均增速 9.5 个百分点，分别是同期北京、上海固定资产投资增速的 2.7 倍和 5.6 倍。2012—2016 年间，全市固定资产投资平稳增长，增速保持在 10%～20%之间，年均增速下降至

14.3%，与全国平均水平基本持平，分别高于同期北京、上海 6.9 个百分点和 8.4 个百分点。

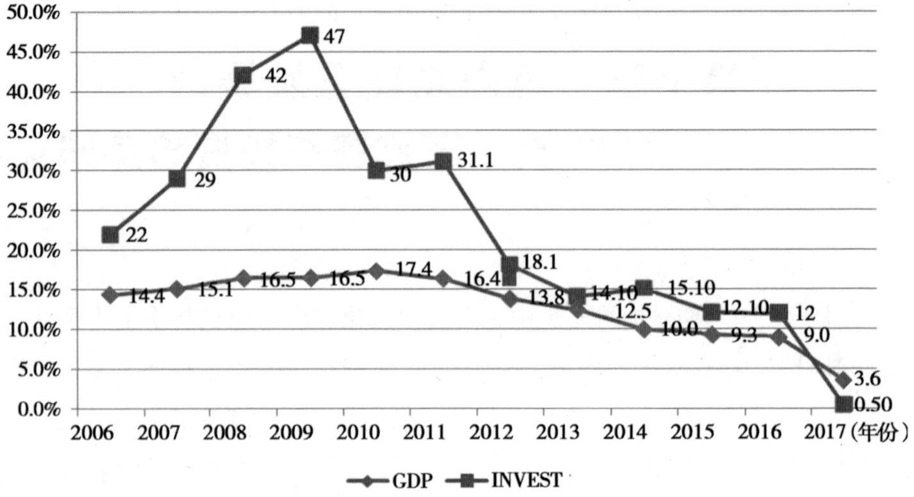

图 10-1 2006—2017 年天津 GDP 和固定资产投资增速

2017 年，受国内外经济形势波动影响，全市固定资产投资增速迅速下滑。2017 年 4 月，全市固定资产投资增速比 3 月直降 7 个百分点，9—11 月固定资产投资开始呈负增长，2017 年全年投资增速跌落至 0.5%，比全国低 6.7 个百分点，分别比同期北京、上海、重庆低 5.2 个、6.8 个、9.0 个百分点。从各行业看，2017 年科学研究技术服务业、租赁商务服务业和工业对全市固定资产投资拉动作用最强，而房地产业、交通运输和仓储邮政业、水利环境公共设施管理业为负增长，拉低全市投资增速。

2018 年，全市固定资产投资形势严峻。1—6 月，同比下降 17.3%，降幅比一季度收窄 8.3 个百分点。其中，民间投资下降 3.9%，比一季度收窄 20.2 个百分点，占比 47.6%。分产业看，第一产业下降 51.7%；第二产业下降 29.8%，其中汽车制造业投资增长 48.6%，计算机、通信和其他电子设备制造业增长 8.6%；第三产业下降 13.0%，其中租赁和商务服务业投资增长 13.6%，居民服务和其他服务业投资增长 5.5%。截至第三季度，全市投资增速为-14.2%，降幅比一季度收窄 11.4 个百分点。其中，全市有 6 个区投资实现增长，北辰区、红桥区、津南区增速最为突出。

从天津固定资产投资增长与经济总量增长分析，投资增长一直是支撑天津经济增长的重要影响因素，经济增长对固定资产投资的依赖程度较大。当近两年投资增长速度快速下降时，经济运行受到较大影响。这也说明投资规模型的增长模式必须改变，天津经济正处于从速度规模型向质量效率型转变的过渡时期。

（二）投资活力逐渐增强，民间投资增长迅速

天津固定资产投资呈现“民进国退”特点，投资主体多元化，政府主导和国企投资比重降低，民间投资比重上升（详见图 10-2）。2016 年至 2018 年上半年，全市政府及国企投资占投资总额的 35.6%；三资企业投资占 6.4%；民间投资则占到投资总额的 58%。政府和国企投资的比重由 41.6% 下降到 35.6%，民间投资的比重由 52.5% 提高到 58%。2014 年，私营企业固定资产投资在全市总投资额占比首次超过国有企业。随着全市民间投资活力显著增强，投资领域也由之前较为集中的建筑业、制造业、房地产业等一般竞争性行业，逐步向基础设施、新型服务业、社会事业等领域拓展。

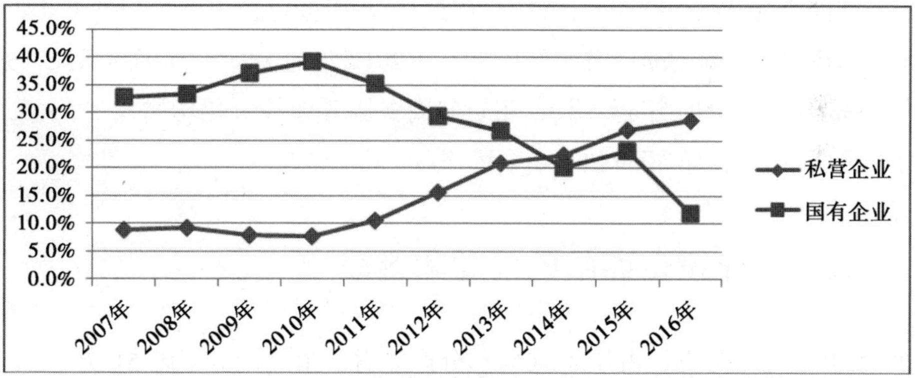

图 10-2　2007—2016 年天津国有企业和私营企业固定资产投资占比

天津民间投资比重迅速增长的主要原因在于：首先，自 2016 年以来，全市和国家层面陆续出台了一系列鼓励民营经济发展，促进民间投资的相关政策，如《关于进一步激发民间有效投资活力促进经济持续健康发展的指导意见》、《关于鼓励民间资本参与政府和社会资本合作（PPP）项目的指导意见》以及天津出台的《关于进一步促进我市民间投资持续健康发展

的实施意见》、《关于大力推进民营经济发展的意见》等。随着政策效应逐步显现，全市民营企业投资信心明显增强。其次，第三产业民间投资中房地产投资比重较大，房地产业的繁荣发展带动了民间投资的相应加快。最后，PPP 项目加快落地实施，民间资本参与公共设施管理业的积极性有所提升。

（三）投资结构逐步优化，服务业投资成为新增长点

从固定资产投资产业看，全市投资结构显著优化，投资重点集中在第三产业。截至 2018 年上半年，第一产业投资 566.08 亿元，第二产业投资 7882.5 亿元，第三产业投资 19804.58 亿元，三次产业投入的比例由“十二五”末期的 1.5∶41.7∶56.8 调整为 2∶27.9∶70.1。第一产业投入比重比“十二五”末期提高了 0.5 个百分点，第二产业投入比重降低了 13.8 个百分点，第三产业投入比重提高了 13.3 个百分点。以新一代信息技术、新能源汽车为代表的战略性新兴产业投资增长较快。第三产业固定资产投资比重不断扩大，成为拉动全市投资增长的主要动力。

从固定资产投资行业看，科学研究、技术服务业、租赁和商务服务业成为新增长点。科学研究技术服务投资从 2012 年的 48.9 亿元增长至 2016 年的 301 亿元，增长了近 5 倍；租赁和商务服务业投资年均增长 17.5%，比同期全市固定资产投资快 4.8 个百分点。

二、天津投资面临的问题和挑战

（一）投资消费结构失衡，投资效益较低

自 2008 年以来，天津投资率始终高于全国投资率，平均投资率超出全国平均水平近 14 个百分点，而与之相对比，天津平均消费率却始终低于全国水平 8 个百分点左右。投资与消费的长期不平衡导致全市供求结构失衡，经济增长缺乏后劲。2017 年天津投资增速大幅下降，与上年相比仅增长 0.5%，在消费常年地位运行不能迅速提升的情况下，经济有效总需求迅

速放缓，导致全市经济下滑。

从固定资产投资效率分析，近年来天津投资效率处于持续下降趋势中（如图 10-3）。“十二五”期间，天津固定资产投资效果系数保持在 15% 左右，“十三五”时期已下降到 10% ~15% 的区间，2017 年下降到 5% 以下。（固定资产投资效果系数 = 报告期地区生产总值增量/同期固定资产投资额 ×100%）

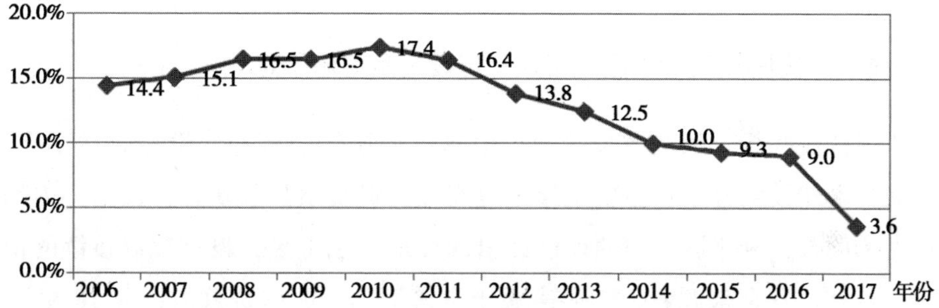

图 10-3　2006—2017 年天津固定资产投资效果系数

与其他一线和新一线城市相比，天津固定资产投资效益也是比较低，单位固定资产投资对全市 GDP 的贡献率不高，与以深圳、上海、北京、广州、杭州等城市相比存在较大差距（如图 10-4）。

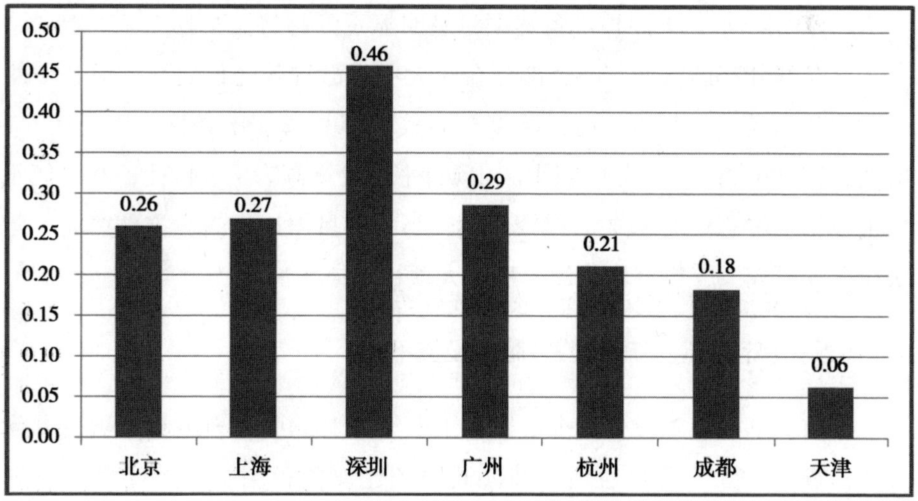

图 10-4　2017 年全国主要城市投资效益系数比较（单位：%）

（二）投资产业结构偏旧偏重，战略性新兴产业投资偏少

工业方面，全市航空航天、生物医药、新能源、新材料等高新技术产业产值比重偏低，只有16.5%，对经济贡献作用不突出。服务业方面，全市第三产业整体发展不充分，新业态、新模式规模偏小，产业辐射带动作用不明显。技术创新方面，创新体系不完善，创新氛围不浓厚，高新技术企业数量偏少，研发经费支出占 GDP 比重较低。

（三）民间投资增长后劲不足，建设资金筹措困难

天津民间投资虽然增长迅速，但总体规模依旧较小，投资收益不高。民间投资建设资金增长主要是靠房地产开发资金增长较快支撑，以市内六区尤为明显，和平区、河西区已经出现存量土地不足，投资难以接续的情况。从到位资金来源看，大多来源于自筹资金，国内贷款占比仅18.9%。自2017年以来，融资难、融资贵问题有所加剧，流动性收紧和贷款利率上升加大项目投资难度，导致民间投资后续增长乏力。

（四）招商引资规模较小，缺乏新项目大项目支撑

2017年以来，天津核准备案项目呈明显下降趋势。“十三五”规划储备项目大部分都已启动实施，部分在建大项目已进入建设后期，但新增的项目储备不足，还有部分项目跨度时间较长不具备实施条件。“十三五”时期，在全市29个示范工业园中，项目平均投资额为1.8亿元，其中亿元以上项目仅占总量的32%，投资规模较小的项目占比较高，支柱产业、龙头企业项目较少，投资增长缺乏后续大项目支撑。

（五）城市基础设施及公共服务投资不足

目前，基础设施投资占全市投资比重仅为15.4%，轨道交通项目有待加快推进，部分轨道交通项目和公共服务建设项目因拆迁等问题进行缓慢。基础设施项目投资的资金来源较为单一，除少部分财政资金外，大部分以城投集团为代表的融资平台公司通过融资贷款解决。2017年以来，融

资平台公司融资难度增加，使得项目贷款受限。

三、未来天津投资增长有利因素加速积聚

展望天津未来投资趋势，虽然存在诸多问题，但也有不少支撑投资增长的有利因素。天津依托“一基地三区”建设，有利于及时补充投资资金，带动新兴产业投资，将来投资总量降幅将继续收窄，投资结构持续优化。

（一）服务贸易快速增长带动第三产业投资

随着天津经济发展方式逐渐转变，产业结构优化调整，近年来，全市服务贸易质量和效益同步提升，高质量发展特征日渐显现。上半年，全市企业签订服务外包合同签约额达 14.9 亿美元，同比增长 99.9%，各项增长均高于全国增幅，成为促进我市经济增长的新引擎。其中，服务外包作为新兴产业和现代服务业中的高端业态，具有信息技术承载度高、附加值高、资源消耗低、环境污染小、吸纳就业广等优势。

近年来，天津市服务外包产业在规模持续扩大的基础上，服务内容也在向价值链高端攀升。在信息技术外包、业务流程外包、知识流程外包三大业务类型中，高技术性、高附加值的知识流程外包是拉动我市服务外包增长的主要动力，离岸知识流程外包业务占比由 2017 年的 49.7% 增长到 2018 年上半年的 70.4%，再创历史新高。随着企业创新能力和服务质量的不断提升，承接高附加值服务的外包业务日益扩大，将改善服务业企业经营状况，促进企业在软件开发、生物医药研发、金融服务、工程设计、检验检测等业务领域增加投资。

（二）先进制造研发基地建设加快有助于带动新兴投资需求

围绕全国先进制造研发基地功能定位和贯彻落实《中国制造 2025》，天津先进制造业和战略新兴产业加快发展，制造业向高端化、智能化、服务化转型趋势凸显；传统产业不断改造提升，产业转型升级“双引擎”作

用明显，产业体系逐渐向高质量发展阶段迈进。2018 年上半年，天津十大产业集群产值规模在制造业中比重超过 75%，冶金、轻纺、石化、汽车、电子信息、装备制造、新材料七大产业产值规模超过千亿元，其中全市汽车制造业投资增长 48.6%，成为带动制造业投资增长的主要动力。

目前，天津具有先进生产力的高技术制造业发展趋势良好，空客 A330 及零部件配套建设、海工装备、新能源汽车、节能整车等领域研发制造项目进展顺利，南港石化产业基地和现代物流设施基地等重大工程加快建设，为全市先进制造业投资起到重要的支撑作用。随着天津制造业转型升级的持续推进，第二产业新动能加快成长，新兴产业集群集聚效应显现，以新一代电子信息产业、新能源汽车、机器人制造、航空航天等战略性新兴产业为代表的新兴投资有望实现较快增长。

（三）金融创新运营示范区建设有助于加大资金支持力度

随着天津全面推进金融创新运营示范区建设，积极融入京津冀协同发展，全市金融机构信贷资金支持力度不断加大。截至 2018 年 5 月，全市金融机构各项贷款余额与“十二五”末相比增加了 6847 亿元，同比增长 26.2%。为积极承接北京非首都功能，天津相继与泰康保险集团、中国银行、工商银行、中信集团等金融总部签署战略合作协议，与农业银行、银行间市场交易商协会签署京津冀三地协议，协议金额合计超过万亿元，积极推进各项协议扎实落地，这为全市重点项目建设，尤其是实体经济领域提供充足资金保障。

海河产业基金将进一步引导带动产业投资结构优化。位于天津自贸区的海河产业基金自管理有限公司自 2017 年 4 月设立运营以来，将投资重点集中在全市支柱产业和新兴产业，助力先进制造业转型升级、提质增效，实现高质量发展。预计基金投资规模将超过 3000 亿元，投资领域涵盖集成电路、高端装备制造、新能源汽车、人工智能、大数据、云计算、生物医药等支柱产业和战略性新兴产业。

融资租赁蓬勃发展将带动租赁行业扩大投资。天津融资租赁业始终保持全国领先地位，截至 2018 年 3 月末，全市租赁公司境内外总资产超过

1.15万亿元，跨境飞机、船舶和海工平台租赁业务占全国总量80%以上。工银租赁、民生租赁、兴业租赁资产均超过千亿元，已经成为全国租赁行业龙头企业。天津在租赁公司保理资产证券化、无形资产租赁、经营性租赁收取外币租金等一批创新业务模式的成功探索不仅可以向全国推广，更能够带动全市租赁行业在飞机、船舶租赁等领域进一步扩大投资。

（四）乡村振兴战略的实施有助于增加乡村基建投资

十九大提出的实施乡村振兴战略，首次将农业农村工作上升为国家战略，也标志着我国乡村发展进入新阶段。天津加快实施乡村振兴战略有助于带动投资向乡村基础设施建设领域拓展，从而增强全市乡村经济实力，改善乡村面貌，加快农业现代化进程，推动乡村走高质量发展之路。

培育发展特色小镇是落实乡村振兴战略，推进农业供给侧结构性改革，加快新型城镇化建设，促进城镇和乡村协调发展的重要抓手。目前，天津正积极推进国家级特色小镇建设，启动市级特色小镇创建工作，公布了两批市级特色小镇创建和培育名单，包括25个市级特色小镇创建试点和29个市级特色小镇培育试点，到2020年全市将创建7个实力小镇，16个特色小镇。随着特色小镇建设工程步伐加快，天津将重点发展壮大小镇特色主导产业，加快补齐基础设施、公共服务短板，建立市级特色小镇重大项目库。在第一批14个创建试点申报项目中，已累计完成投资超过20亿元，未来，全市特色小镇建设项目计划总投资规模将超过400亿元。

（五）幸福产业快速增长有助于催生新的投资热点

“十三五”以来，天津居民人均可支配收入从31291元增长到2017年的37022元，增长了18.3%，同期居民人均消费支出则增长了15.2%，均高于全国平均水平。2017年，全市居民人均服务性消费支出增长12.3%，服务性消费支出占消费总支出中比重达到30%。随着全市居民消费需求持续增长，居民消费观念和消费习惯的转变，消费者更加注重品质消费，推动消费结构加快升级。在此背景下，旅游、文化、体育、健康、养老、卫生、教育培训这些与人民生活质量和幸福感相关的产业消费需求快速增加，服务性消费逐步取代传统商品消费，迅速形成新的投资热点。

目前，天津深入推进京津冀协同发展，积极融入“一带一路”建设，加快推进基础教育均等化、医疗卫生、公共文化设施等工程建设，教育、旅游、大健康等领域发展迅速。其中，天津旅游品牌影响力不断扩大，2018 年上半年，全市旅游总收入同比增长 10.8%，邮轮母港进出境旅客同比增长 31.6%，位列全国第二，基本确立了我国北方国际邮轮旅游中心地位，旅游业的蓬勃发展将带动餐饮、住宿、游览、购物等相关服务产业扩大投资规模，增强民间投资信心。未来，旅游、教育、健康产业将成为全市投资热点和最具有潜力的投资领域。

（六）工业企业利润率好转有助于增强企业投资能力

截至 2018 年 9 月，天津工业生产者出厂价格指数同比上涨 6.3%，在经济整体趋稳、价格水平提升的引领下，工业企业盈利大幅改善。全市规模以上工业增加值比上年同期增长 3.3%，增速较上半年加快 0.1 个百分点。其中，规模以上工业中制造业工业增加值占比为 70.9%，同比增长 4.5%，拉动全市工业增加值增长 3.3 个百分点。规模以上工业企业主营业务收入同比增长 7.3%，利润总额增长 25.8%，分别比上半年加快 0.9 个和 0.8 个百分点。

此外，天津政府围绕企业反映的突出问题先后出台 140 余项降成本措施，从降低企业税负、人工、融资、资源使用以及物流成本等方面累计为企业减负 1200 亿元。2017 年，全市规上企业主营业务成本同比下降 0.63%，营商环境不断改善，企业成本负担减轻。在全市 40 个工业行业大类中，有 24 个行业增加值实现增长，增长面为 60%，有 36 个行业实现盈利。其中，电气机械和器材制造业、医药制造业工业增加值保持两位数增长；汽车制造业、计算机通信和其他电子设备制造业、石油煤炭及其他燃料加工业生产形势较好；石油和天然气开采业利润增长最高，达到 59.9%。企业经营利润增加有助于有效补充企业现金流，改善融资条件，增强投资能力。

四、促进天津投资实现高质量发展的政策建议

天津虽然有京津冀协同发展和天津自贸区政策加持，但新常态下，投资消费结构失衡、传统要素优势减弱、战略性新兴产业投资后劲不足、经济运行潜在风险加大、资源环境约束偏紧等诸多挑战更加大了固定资产投资下行压力。在此形势下，天津要积极适应经济由高速增长阶段转向高质量发展阶段的形势，按照实现高质量发展要求，以供给侧结构性改革为主线，以扩大有效投资为抓手，充分发挥投资对优化供给结构的关键性作用，着力推动经济发展质量变革、效率变革、动力变革。

（一）强化投资引导与评估，提高投资效益

充分利用深化改革契机，通过继续完善相关政策优化投资环境、提升投资效益。在京津冀协同发展的新形势下，加强对投资项目的前期评估和事中事后监管，促进项目建设及资金规范管理、防范各类风险，提高投资转化资本形成的效率，提高投资对经济发展的贡献率。同时，把投资重点放在调结构、补短板、惠民生上，促进产业提质升级，切实提高投资效益，发挥投资在优化供给结构的关键性作用。

（二）加大招商引资力度，完善项目库建设

充实完善“十三五”重大项目储备库，特别是对近期能实施的项目，加快推进项目前期准备工作，尽早具备开工条件。深入开展“双万双服”，加大对已落地企业的服务力度，以优质的服务提升地区招商引资软实力，推动实现以商招商，抓好规模企业和大项目引进，加速企业扎根落户，缩短企业培育周期。深入落实“三去一降一补”政策，分类处置“僵尸企业”和“空壳企业”，回收利用低效土地，盘活有效资源，“腾笼换鸟”，为项目引入和落地创造条件。按照构建高端化高质化高新化产业结构的要求，抓紧筹划和储备新项目，做到投产达产、开工建设、储备报批紧密结合、环环相扣。

（三）规范 PPP 发展模式，加快推进融资体制改革

建立健全 PPP 相关制度规定，在制度层面上明确权责和风险，积极探索项目采购、预算管理、收费定价调整机制、绩效评价等有效管理方式，规范项目运作。在城市基础设施及公共服务领域如城市供水、供暖、轨道交通、污水处理、垃圾处理等领域中优先选择收费定价机制透明、有稳定现金流的项目，作为推广 PPP 模式的示范。

（四）多渠道筹集建设资金，提升投资活力

围绕吸引民间投资的重点领域，进一步完善政策体系。推动金融机构加大信贷投放，支持存量项目推进和增量项目落地。积极推进天津市与金融总部机构签署战略合作协议，积极推进已签协议落实实施。支持企业利用多层次资本市场融资。放大海河产业基金“绿色基金、战略基金”引导作用，加快推进母、子基金设立进程，吸附更多社会资本和域外资金，推动先进制造、大数据、人工智能等项目尽快落地。

（五）有序推进特色小镇建设，提升乡村投资水平

完善顶层设计，编制小城镇发展总体规划及控制性详细规划，明确投资项目库及融资需求。坚持产业建镇，做精做强休闲旅游、商贸物流、现代制造、教育科技、传统文化等主导特色产业，打造具有持续竞争力和可持续发展特征的独特产业生态。围绕完善城镇功能，加快补齐城镇基础设施、公共服务、生态环境三块短板，建设宜居宜业宜游的特色小镇。充分用好政府性资金、政策性金融、社会资金等资源，多元化开拓特色小镇建设融资渠道，提高建设运营效率。

（六）深化“放管服”改革，持续优化营商环境

牢固树立“产业第一、企业家老大”理念，认真贯彻“津八条”，进一步优化营商环境，构建亲、清新型政商关系。深化“放管服”改革，加快政府职能转变，围绕企业投资、生产经营、创新创业等领域，全面推行

行政审批提速，持续优化建设项目联合审批流程，促进项目审批整体提质增效。继续深化商事制度改革，全面推行和深化“多证合一”改革。规范审批中介行为，大幅提高中介服务效率。统一清理规范涉企收费，继续清理规范中介收费，深入开展降成本行动。推进“互联网+政务”，推动公共服务更加便捷高效。

（执笔人：韩璐、姚晓东）

第十一章　上海市投资结构和宏观效益

投资是影响经济增长和结构调整的先导性因素，是扩大内需、启动消费、促进转型的重要抓手，对推动经济增长和结构调整具有十分重要的作用。浦东开发开放后，上海的投资开始高速增长，带动经济强势增长，经济增长的投资驱动特征十分明显，投资增长与地区生产总值增长保持较高的相关性，经济增长的周期性波动在很大程度上是受投资的影响。目前，放眼全国，上海处于不同的投资阶段，投资率和投资贡献率逐步下降，这种趋势符合经济发展客观规律。随着上海进一步扩大开放，以及在重大项目的推动下，投资将保持一定强度，但增量不大，对经济增长的支撑作用还将继续减弱，投资率和投资贡献率将进一步下降，未来稳投资促发展的关键是投资结构转型。

一、上海市固定资产投资结构

（一）阶段演进

浦东开发开放以来，上海固定资产投资的发展大致经历了四个阶段。第一个阶段是 1992—1996 年，上海全社会固定资产投资年均增速高达 49.9%，为改革开放后投资增长最快的时期，1993 年和 1994 年还分别出现 83.0% 和 71.8% 的超高速增长，同期地区生产总值增长也处于超高速增长期。第二个阶段是 1997—2000 年平均增速为 -1.1%，1997 年开始受亚洲金融危机影响，投资大幅下滑，地区生产总值增长也从超高速降到高速。第三个阶段是 2001—2009 年平均增速恢复至 29.6%，进入 21 世纪，伴随中国入世和申博成功等利好，上海再次迎来投资的相对高速增长期，同期地区生产总值增长也回到超高速水平。第四个阶段是2010年以后，受全球金融危机和上海自身结构调整的影响，投资再次明显回落，2011年仅为0.3%，2013年开始回升并进入稳定增长阶段，地区生产总值增速则降至中高速水平（见图11-1）。2018年上半年，上海固定资产投资增长6.0%，呈现较强韧性，这是上海率先转型取得成效的体现。

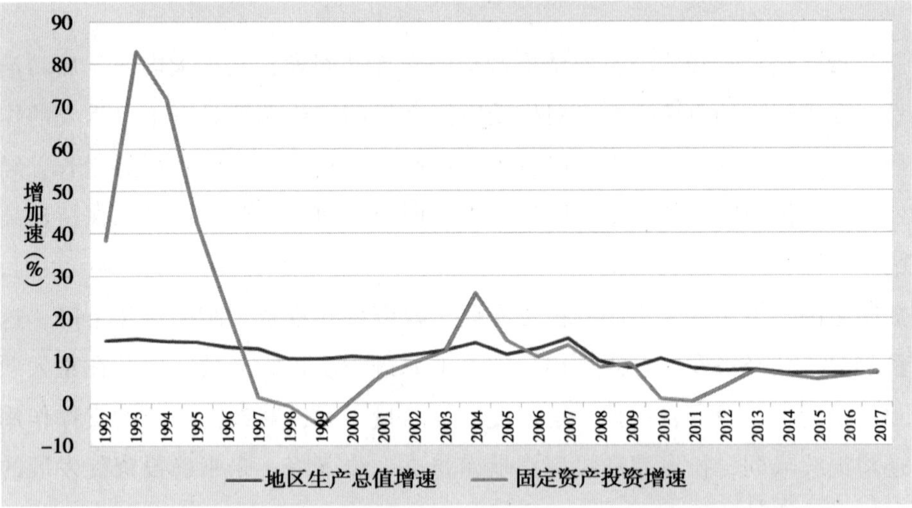

图11-1 1992年以来上海地区生产总值及全社会固定资产投资增速

数据来源：Wind资讯。

从投资率来看，1992年以来上海投资率逐步上升，1996年达到67.5%的历史高峰，此后开始逐步下降，2010年降至30%以下，2017年进一步降至24%（见图11-2）。同期消费率上升，经济增长对投资拉动的依赖逐步减少，消费成为拉动经济增长的第一动力。与其他国家或地区比较，上海投资率水平与发达经济体相同经济发展阶段的水平基本相当（美国、日本、新加坡、中国香港在人均GDP从1万美元到2万美元阶段时的平均投资率一般为20%～30%），但投资率都呈下降趋势（在人均GDP从1万美元到2万美元阶段，美国投资率从22%下降到18.7%，日本从31%下降到28.4%，新加坡从33.6%下降到32.3%，中国香港从28.3%下降到27.1%）。

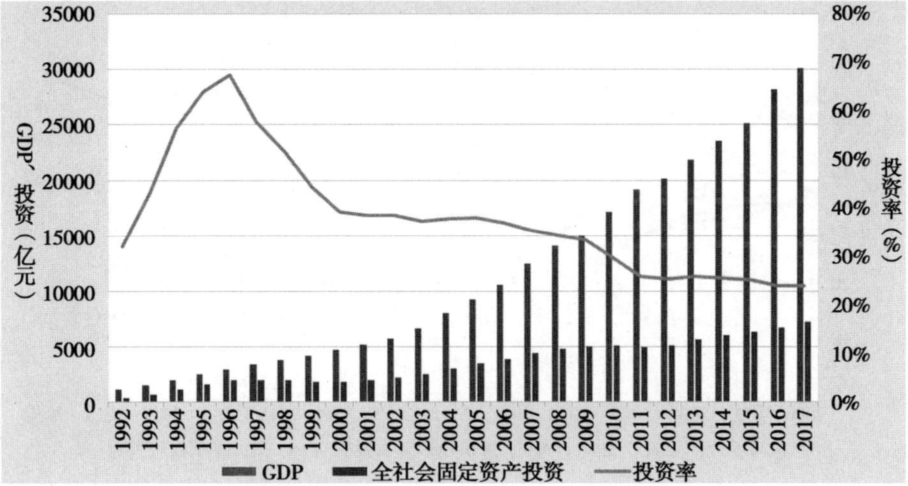

图 11-2　1992 年以来上海全社会固定资产投资率

数据来源：Wind 资讯。

（二）结构变化

目前，上海投资结构和内涵正在发生变化，已进入以投资结构转型带动经济发展转型新阶段，投资驱动的作用形式不断变化。投资的能级提升主要看结构，从主体结构看，国有为主转向民资外资。国有投资比重逐步下降（从改革开放初期 90% 左右下降到 2016 年的 30%），民间投资比重持续上升（从改革开放初期 10% 左右上升到 2017 年的 37% 以上），外资比重在危机后有所下降，2017 年占比为 14%。国有投资在基础设施、公共服务和垄断行业占绝对主体，民间投资在制造业、批发零售、住宿餐饮、房地产等一般竞争性行业中占主体，尤其是一般制造业和房地产业最为集中，2006 年以来，平均每年有超过 80% 的民间投资投向这两大领域（投入房地产的民间投资保持 50% 以上）。从投向结构看，二产主导转向三产主导。二、三产业投资比例从 1990 年的 59：40 调整为 2017 年的 14：86，其中金融、信息服务、商务服务、文化创意、研发设计等现代服务业投资快速增长。传统产业转向新兴产业。二产中，投资领域从传统的钢铁、纺织、化工等行业转向新兴产业，钢铁、石化等高载能行业投资下降，战略性新兴产业投资增长。三产中，房地产投资发展迅速，占全社会固定资产投资比重从 1992 年 3.6% 升至 2017 年的 53.3%（见图 11-3）。

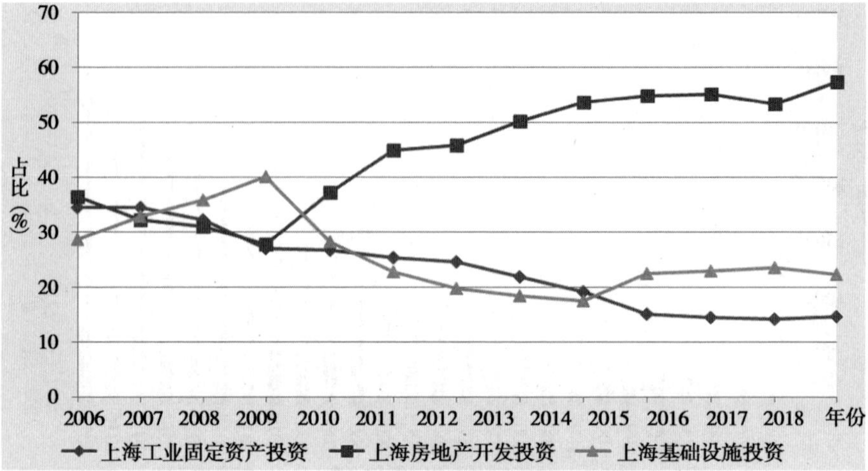

图 11-3　2006 年以来上海三大领域投资占比

注：2018 年为上半年数据

数据来源：Wind 资讯。

2018 年 1—8 月上海房地产开发投资增长 5.3%（见图 11-4），低于全社会固定资产投资增速。其中，土地购置费比重明显上升，增速明显快于建筑工程和安装工程投资。房地产开发投资占全市固定资产比重超过 50%，稳房地产投资对于稳投资尤为重要，要通过增加商品住宅供应，加快租赁房、保障房建设确保房地产投资有所增长。

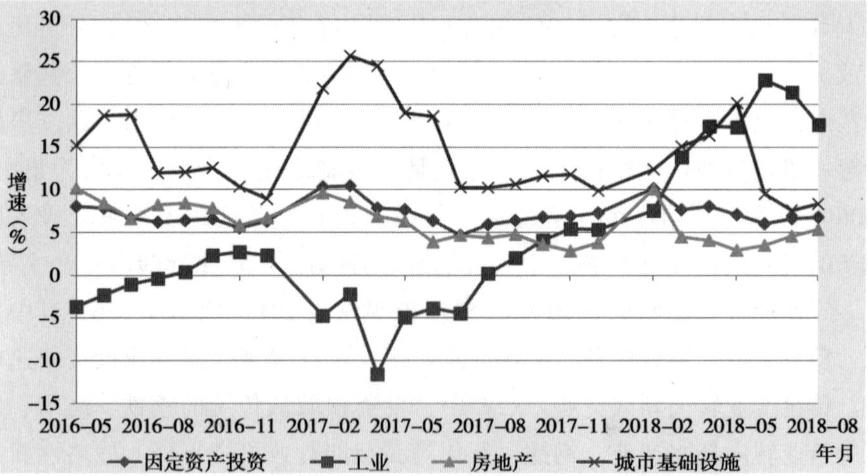

图 11-4　上海工业投资、基础设施投产和房地产开发投资增速

数据来源：上海市统计局。

从工业投资来看，进入21世纪以来，上海工业投资增速由高位进入下行通道，主要经历了四个阶段：第一阶段为2001—2006年的规模扩张阶段，年均903.45亿元，平均增速12.32%（见图11－5）；第二阶段为2007—2012年的高位持续阶段，年均1371.19亿元，平均增速3.02%；第三阶段为2013—2015年的探底阶段，年均1116.65亿元，平均增速-9.54%；第四阶段为2016年以来的回稳阶段，在经历了多年接近于零和负的增长之后，2016年开始回稳转正，实现了2.3%的增长，2017年继续保持了5.3%的增速。2018年上半年，工业固定资产投资增长22.9%，增幅为2008年国际金融危机以来最高，其中大飞机项目、上海华力微电子二期、上海和辉光电二期等重大项目和技改投资是这一轮工业投资增长的主要支撑。

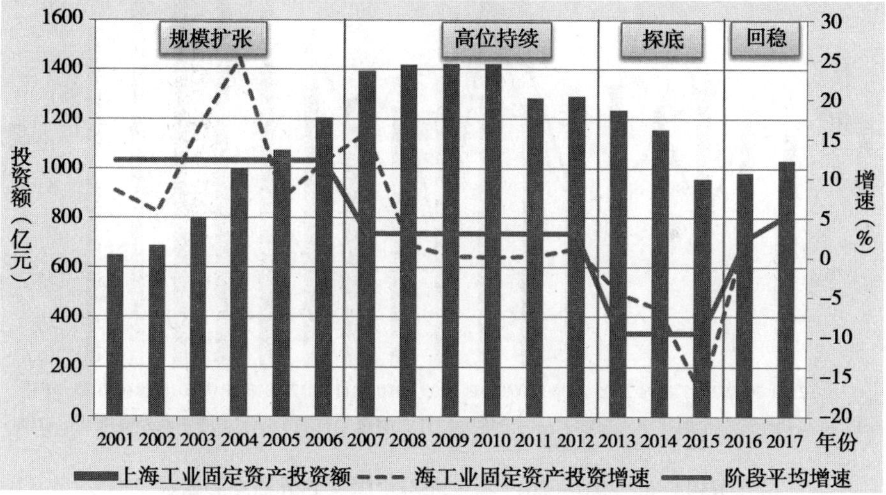

图11-5　2001—2017年上海工业固定资产投资情况

资料来源：上海统计年鉴、上海统计网。

但由于目前部分行业景气度仍然较差、企业投资意愿不高，工业投资回稳可持续性仍不牢固。突出表现为要素成本制约，可用于工业投资发展的工业用地储备不多，土地价格、房屋价格和办公楼租金，以及人工费用等经营性成本不断上涨，都在一定程度上影响着工业投资上升。上海工业投资增速放缓渐成常态，未来应将投资重心转向技术升级改造投资，以及研发、数字智能、人力资源等“软”投入，增强投资的有效性和精准性，进一步提高工业投资效率。

外资依然是上海经济平稳运行的“稳定器”。2016 年外资企业以约占全市 2% 的企业数量，贡献了全市 27% 的地区生产总值、33% 的税收总额、60% 的规上工业产值和 65% 的进出口额，吸纳了 20% 的就业人数，带动本土企业更深层次、更高水平地嵌入全球产业链和价值链。2017 年，上海利用外资出现“双降”局面，全市合同外资 401. 94 亿美元，下降 21. 2%，实到外资 170. 08 亿美元，下降 8. 1%，下降趋势比全国更为明显（见图 11-6），其中第三产业外商直接投资实际到位金额 161. 53 亿美元，下降 1. 1%，占全市实际利用外资的比重为 95. 0%。

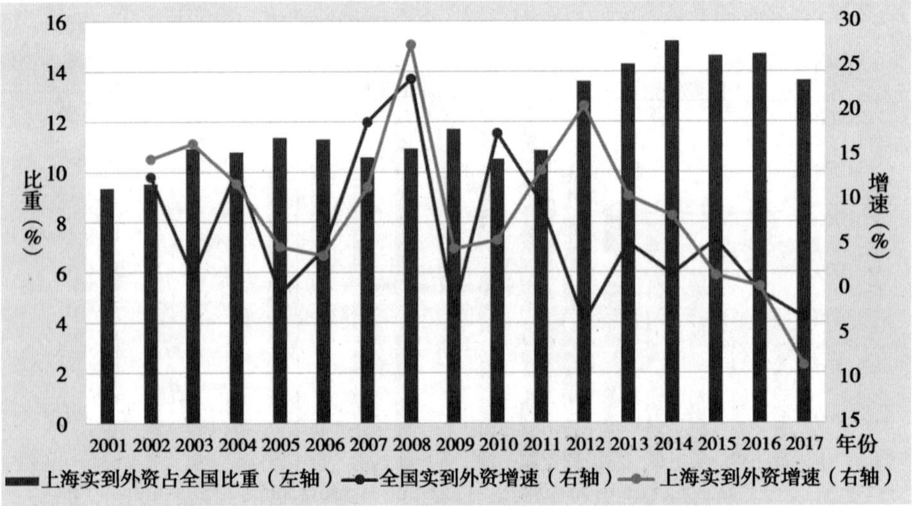

图 11-6　2001—2017 年上海与全国实到外资发展情况

数据来源：Wind 资讯。

一直以来，上海是外资进入我国首选地，外资也成为推动上海经济发展、结构调整、科技创新、功能提升的重要力量。随着土地资源紧张，住房生活成本上升，环保标准高企，上海日益成为成本高地，使得外资企业对新增项目投资变得谨慎。同时国内各地投资环境、产业配套等不断完善，围绕先进制造等引资竞争日益激烈。一些外省市在成本优势基础上加大优惠政策力度，吸引一批中高端制造项目落地，如成都格罗方德12英寸晶圆项目，上海在引资上面临国内招商政策比拼压力。

（三）趋势特征

上海投资增速呈下降趋势，既受宏观经济形势影响，也是上海工业化进程发展到一定程度的体现。具体表现为：一是上海进入后工业化阶段。服务经济发展迅速，传统工业行业去产能步伐加快，新旧产业处于转换衔接阶段，导致工业投资必然下降。二是重化工业高速增长期进入拐点。工业结构由“重”到“新”，比如钢铁有色产值比重从1992年的22%下降到2015年的不到10%，投资规模必然相应下滑。但同时，上海投资呈现新的趋势特征，主要体现为“三个提升”。

趋势一：技术改造投资快速提升。2015年上海工业技改投资564.70亿元，占工业固定资产投资比重59.00%，比2006年提升14.59个百分点（见图11-7）。2006—2015年上海技改投资平均增速3.00%，高于同期工业固定资产投资增速3.08个百分点，除2008年和2011年外，其他年份技改投资增速均高于工业固定资产投资增速。分阶段看，2007—2012年投资额平均为714.47亿元，比2006年提升179.47亿元，占工业固定资产投资比重平均为52.08%，比2006年提升7.68个百分点；2013—2015年投资额平均为646.80亿元，比前一阶段减少67.67亿元，比重平均为57.92%，比前一阶段提升5.84个百分点。技改投资比重上升主要是由于当前上海可用于工业投资发展的工业用地储备不多，土地价格、房屋价格和办公楼租金在内的经营性成本不断上涨，企业新建投资占比下降，技术改造投资占比上升。

趋势二：“两头在沪”投资日益提升。企业在全国、全球布局趋势明显，上海研发、销售环节不断强化，向“微笑曲线”两端移动，功能性总部和研发中心数量提升，检验检测、总集成等生产性服务业投资增加，制造环节投资在上海不断弱化，新增投资不断“移出”。上海的大型工业企业集团已经开始并还在不断强化市外投资、境外投资和股权投资。如中国宝武集团在湛江投资千万吨级钢铁基地项目；英业达股份有限公司将上海部分生产车间迁往重庆；上海汽车集团股份有限公司由出口贸易向海外生产转型，加快在海外新兴市场国家布局，如在泰国建设名爵等品牌的整车生产基地。“十二五”期间，中国宝武集团、上海汽车集团、华谊集团等中央和市属企业集团对外投资占全市工业投资比重由“十一五”的50%上升至60%左右。由于工业固定资产投资主要集中在制造环节，“两头在沪”投资格局也是上海工业投资下降的原因。

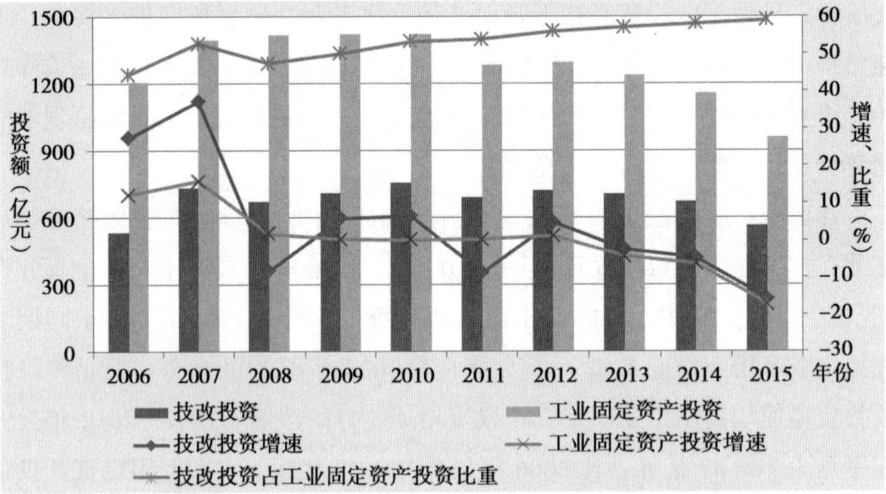

图 11-7 2006—2015 年上海工业技改投资增长情况

资料来源：上海市经信委、Wind 资讯。

趋势三：“软”投入不断提升。经济发展方式由投资驱动加速向效率提升和创新驱动转变，企业对“硬”投入的依赖度在减少，投资重心逐渐转向研发、数字智能、人力资源等方面的“软”投入。2015 年，上海工业行业研发经费 474.24 亿元（图 11-8），比上年增长 5.57%，增速高出工业固定资产投资 22.77 个百分点，占工业固定资产投资比重 49.55%，比 2005 年提升 37.84 个百分点。大型企业集团信息化、数字化改造不断推进，2012—2015 年上海电气信息化投资形成资产总额 7.41 亿元。

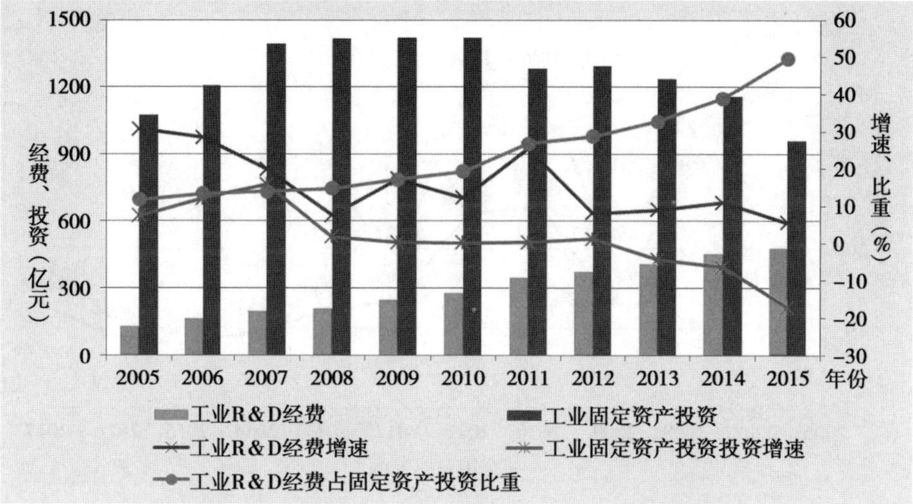

图 11-8　2005—2015 年上海工业 R&D 经费增长情况

数据来源：上海统计网、上海市经信委。

二、上海市固定资产投资效益

（一）整体投资效益

投资效果系数指报告期地区生产总值增量与同期固定资产投资额的比率，表示单位固定资产投资所能带来的生产总值增量，是用来衡量固定资产投资经济效益的重要指标，投资效果系数越大，表明投资效果越好。从历史趋势看，上海的投资效果系数总体降低，呈现波动下降趋势（图 11-9），金融危机期间投资效率有较大波动，主要是受政府大规模投资刺激政策的干扰。投资效果系数主要受投资结构的影响，国有投资占比高的时候投资效率一般较低。提高投资效果系数的关键是使私人部门在具有产出增长点的项目上进行投资。政府需要通过优化营商环境、扩大开放和市场化改革来进一步激发民间投资。

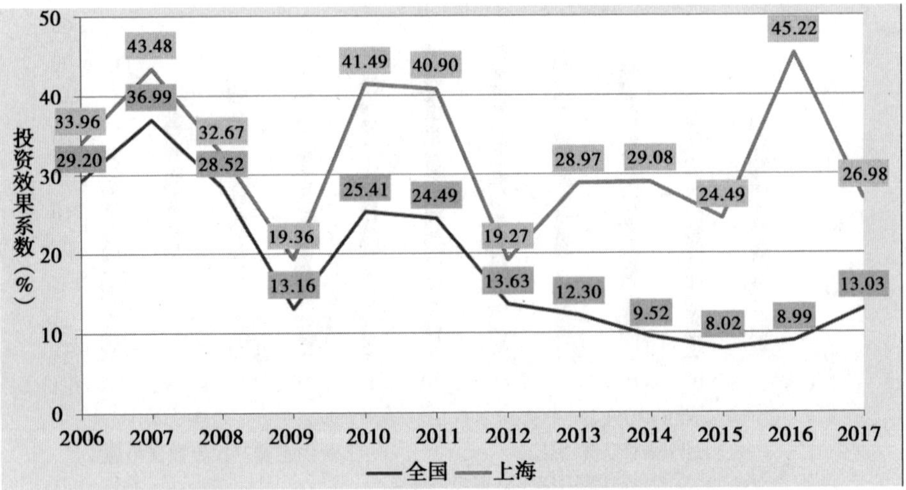

图 11-9　2006—2017 年上海及全国全社会固定资产投资效果系数

注：固定资产投资效果系数=报告期地区生产总值增量/同期固定资产投资额×100%。

数据来源：Wind 资讯。

（二）工业投资效益

工业投资效益主要用投资产出比、资产产出率、投资利润率、资产利润率、边际投资产出比、边际投资利润率等指标对上海工业产出效率进行测算分析。投资产出比：工业总产值/固定资产投资，反映单位投资带来的产出情况。资产产出率：工业总产值/总资产×100%，反映单位资产带来的产出情况。投资利润率：利润总额/固定资产投资×100%，反映单位投资的盈利能力。资产利润率：利润总额/总资产×100%，反映单位资产的盈利能力。边际投资产出比：（当年产值-上年产值）/当年投资，反映单位投资带来的边际产出情况。边际投资利润率：（当年利润总额-上年利润总额）/当年投资×100%，反映单位投资带来的边际利润情况。

从工业投资效率来看，上海工业投资效率提升（见图 11-10）。主要表现为：一方面，投资产出比呈现阶段性上升趋势，2001—2006 年平均为 14.64，2007—2012 年平均为 20.90，2013—2015 年平均为

30.20。表明上海由投资驱动转向创新驱动，产业结构持续优化。另一方面，工业投资利润率整体呈快速上升趋势，2001—2006 年平均为 90.27%，2007—2012 年平均为 126.74%，2013—2015 年平均为 230.32%。表明上海工业产品附加值较高，工业企业经济效益好，具有较强竞争力。

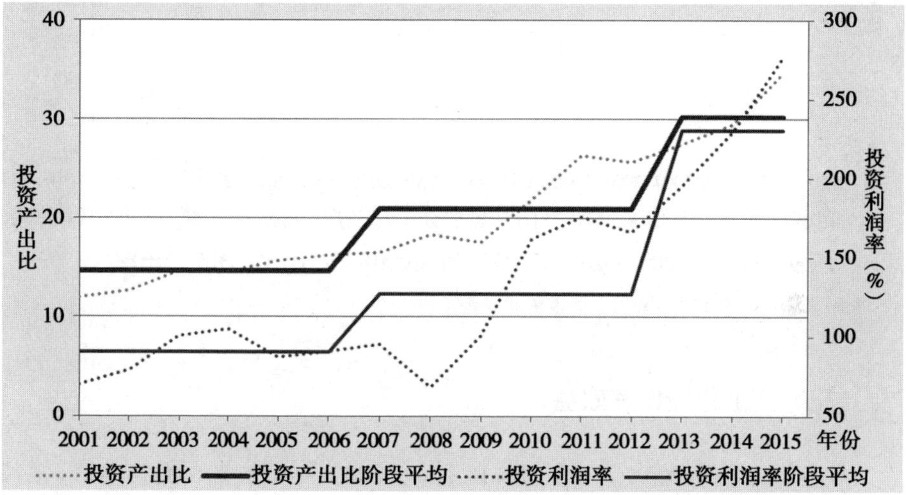

图 11-10　2001—2015 年上海工业投资产出比、投资利润率

数据来源：上海市经信委、上海市统计局。

值得注意的是，上海工业单位投资带来的产值增量逐渐下降，边际投资产出比呈下降趋势（见图 11-11），2001—2006 年平均为 2.26，2007—2012 年平均为 1.63，2013—2015 年平均为-0.06。表明上海处于新旧产业转换阶段，在现有技术条件下，上海工业投资效率进一步上升的空间非常有限，未来需要加快技术创新，寻找新的增长点，发展新的产业领域为工业提供新的动力。此外，上海工业资产产出率呈现出"倒 U 型"的变化趋势，2001—2006 年平均为 98.01%，2007—2012 年平均为 110.15%，2013—2015 年平均为 95.78%。也体现了上海进入后工业化阶段，新旧产业转换，前期投资积淀的很多存量资产产出效率低，需要技术改造或者淘汰剥离。

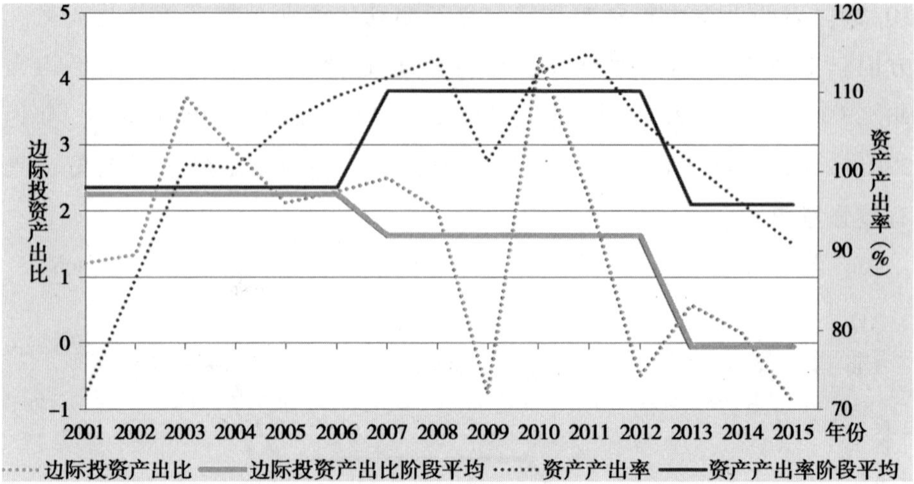

图 11-11 2001—2015 年上海工业边际投资产出比、资产产出率

资料来源：上海市经信委、上海市统计局。

（三）工业行业投资效益

从各行业投资效率看（见图 11-12），2007—2015 年 8 大行业[1]按投资产出比从大到小排序依次是石油化工、汽车制造、信息制造、装备制造、钢铁有色、生物医药、消费工业、航空航天；按投资利润率从大到小排序依次是汽车制造、装备制造、石油化工、生物医药、钢铁有色、消费工业、信息制造、航空航天；按边际投资产出比从大到小排序依次是汽车制造、石油化工、装备制造、生物医药、信息制造、航空航天、消费工业、钢铁有色；按边际投资利润率从大到小排序依次是汽车制造、生物医药、石油化工、消费工业、装备制造、信息制造、航空航天、钢铁有色。

[1] 为了便于比较分析，将工业行业归并为 8 个行业，分别是：（1）汽车制造：包括汽车制造业。（2）航空航天：包括航空、航天器及设备制造。（3）生物医药：包括医药制造业。（4）信息制造：包括计算机、通信和其他电子设备制造业。（5）石油化工：包括石油加工、炼焦和核燃料加工业；化学原料和化学制品制造业；化学纤维制造业；橡胶和塑料制品业。（6）钢铁有色：包括非金属矿物制品业；黑色金属冶炼和压延加工业；有色金属冶炼和压延加工业；金属制品业。（7）装备制造：包括通用设备制造业；专用设备制造业；电气机械和器材制造业；仪器仪表制造业；铁路、船舶和其他运输设备制造业。（8）消费工业：包括农副食品加工业；食品制造业；酒、饮料和精制茶制造业；烟草制品业；纺织业；纺织服装、服饰业；皮革、毛皮、羽毛及其制品和制鞋业；木材加工和木、竹、藤、棕、草制品业；家具制造业；造纸和纸制品业；印刷和记录媒介复制业；文教、工美、体育和娱乐用品制造业；其他制造业。

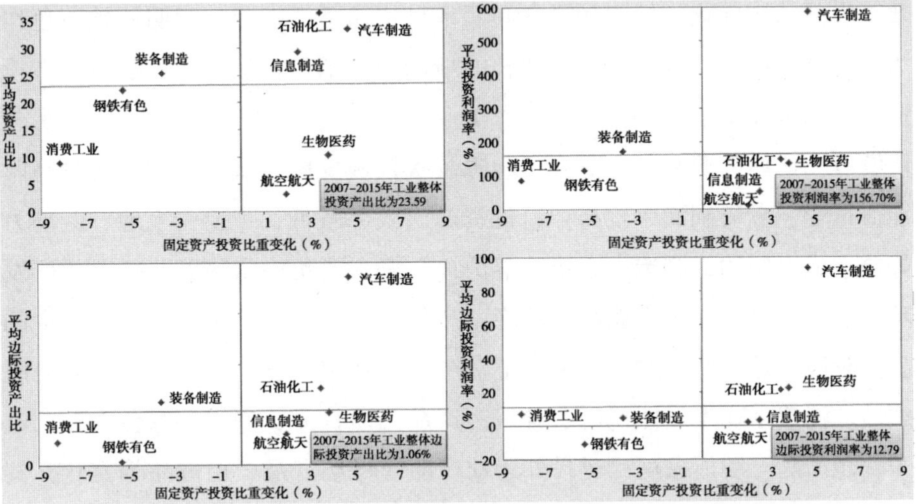

图 11-12　上海工业行业平均投资效率、投资比重变化象限图

注：平均投资效率为 2007—2015 年平均水平，投资比重变化为 2013—2015 年比重均值减 2007—2012 年比重均值。

资料来源：上海市经信委、上海市统计局。

投资产出比高于工业整体水平的行业投资比重合计提升[1] 7.24 个百分点；投资利润率高于工业整体水平的行业投资比重合计提升 1.17 个百分点；边际投资产出比高于工业整体水平的行业投资比重合计提升 4.69 个百分点；边际投资利润率高于工业整体水平的行业投资比重合计提升 12.16 个百分点。

进一步分析，汽车行业投资效率最高，无论从投资产出比还是投资利润率看，汽车行业均高于工业整体投资效率平均水平，表明汽车行业是拉动上海工业投资效率提升的主要动力。信息制造边际投资产出比整体上呈下降态势，比工业整体水平低，表明信息制造亟须转型升级。石油化工是工业的命脉，为很多工业领域提供中间产品，投资效率提升，但边际投资产出比呈下降态势。表明石油化工进一步增长的空间有限，也与上海城市功能定位不适应。钢铁有色投资产出比呈提升态势，主要是去产能取得成

[1]　指 2013—2015 年相对于 2007—2012 年投资比重提升。

效，内部结构优化，但边际投资利润率呈快速下滑态势，表明钢铁有色作为传统重工业，难以成为工业增长的新动力，亟须转型升级。装备制造投资产出比呈波动上升态势，是上海工业的重要支撑，部分新兴领域取得较快发展，比如能源装备中部分新能源装备领域发展较快。生物医药是高附加值行业，投资利润率较高，但投资产出效率较低，主要受土地、劳动力等要素成本制约，制造中心难以落沪，上海主要集中生物医药行业的研发环节。上海航空航天产业起步较晚，产值较小，当前处于投资多产出少的起步阶段。近几年，航空航天固定资产投资稳步增长，取得了一系列亮眼成绩。消费工业发展体现消费升级，产品品质提升，中高端绿色食品、电子智能产品、智能家居、泛户外运动产品、母婴产品、保健品等文化、健康、绿色产品增长较快，潜力空间较大。

三、原因分析及未来展望

（一）上海投资需求变化及原因分析

根据当前发展趋势，未来上海经济增长的投资需求动力仍将弱化。从国际经验看，这一趋势符合人均 GDP 向 2 万美元跨越的阶段性特征。国际经验表明，人均 GDP 超过 1 万美元之后，投资率普遍出现下降趋势（见表 11-1），其中德国表现最为明显，总体几乎呈现单边下降的趋势（在人均 GDP 跨越 1 万美元之后，下滑尤为明显；2011 年已经下降到 20% 以下的水平）。美国则表现为长期平稳中的缓和下滑（到 2011 年投资率只有接近 10% 的水平）。东亚国家中日本、韩国和新加坡也呈现出同样的趋势。相应地，这些国家的消费率总体呈现稳定上升趋势。这也说明，在人均 GDP 达到 1 万美元之后，消费成为经济增长的主要动力。

表 11-1　主要国家人均 GDP 不同阶段的投资率及消费率

国家	指标	人均 GDP 3000 美元以下	人均 GDP 3000～10000 美元	人均 GDP 1 万～2 万美元	人均 GDP 2 万美元以上
日本	年份	(1970-1972)	(1973-1980)	(1981-1986)	(1987-2011)
	平均投资率	36.6	33.16	28.7	26.9
	平均消费率	-	68.5	68.9	72.4
韩国	年份	(1960-1986)	(1987-1994)	(1995-2006)	(2007-2011)
	平均投资率	25.2	35.4	31.2	29
	平均消费率	75	62.3	66.4	69.3
新加坡	年份	(1960-1977)	(1978-1988)	(1989-1993)	(1994-2011)
	平均投资率	28.5	41.4	34.6	26.7
	平均消费率	72.8	59.3	54.2	51.6

数据来源：世界银行数据库。

从上海自身看，上海目前的投资率与发达经济体相同经济发展阶段即人均 GDP 从 1 万～2 万美元的平均投资率水平基本相当，如美国、日本、新加坡、韩国这一阶段的平均投资率一般为 20%～30%，且在人均 GDP 达到 1 万美元之后投资率普遍处于下降趋势，但这一阶段的投资率仍处于该国的相对较高水平。上海投资总额已具有较大规模（2017 年是 1992 年的 20 倍），继续保持较快增长的难度加大。城市基础设施建设投资整体已经由大规模建设阶段进入更新改造提质阶段，世博会期间上海城市基础设施环境有了很大提升，世博会后虽然城市基础设施仍有继续升级的需求，但增速会相对稳定。2018 年上半年基础设施投资增长 9.5%，比全国高 2.2 个百分点，主要得益于交通信息化及生态建设等新基础设施投资仍持续发力，新一代信息基础设施、环境整治和生态建设投资、轨道交通投资等都将带动基础设施领域投资稳步增长。基础设施投资在信息网络、生态环境、民生补短板等“新基础设施”加快推进的带动下，2018 年全年有望实现 12% 左右的增长。工业投资从 2013 年开始转为负增长，2014—2015 年呈快速下滑趋势，虽然 2016 年以来逐渐回升，2018 年全年上海工业投资在蔚来汽车、大众 MEB 等重大项目和技改项目投资的持续支撑下，有望达到5%的增长，工业战略性项目投资和技改投资有望持续较快增长。但随着商务成本上升、产业转型升级，以及加快“腾笼换鸟”等因素，预计未来增长空间有限。上海工业投资增速呈下降趋势，既受宏观经济形势影响，也是上海工业化进程发展到一定程度的体现。上海进入后工业化阶段，服务经济发展迅速，传统工业行业去产能步伐加快，新旧产业处于转换衔接阶段，导致工业投资必然下降。重化工业高速增长期进入拐点，工业结构由“重”到“新”，比如钢铁有色产值比重从1992 年的22%下降到2015 年的不到10%，投资规模必然相应下滑。房地产开发投资受国家宏观调控政策和房地产开发企业新开工率持续降低影响，2018 年全年上海房地产开发投资增速预计将放缓至2. 5%，保障房及相关配套建设将会占到较大比重。社会事业生态环境方面的投资会有所加强，但总额占比仍不会太高。未来投资还将受到土地、环境容量、资金约束和社会稳定等方面压力。引进利用外资速度回落，既具有客观性，但也暴露出上海对外资吸引力有所下降，外资在沪投资和发展仍有一定制约。一是重要领域开放力度小，进入门槛高。云计算、国企混改、文化创意等领域对外资开放力度有限，外资项目落地困难重重。二是开放承诺未兑现，给企业造成不稳定预期。尽管医疗、教育等行业已明确开放，但在申请具体业务时仍要获得主管部门许可，市场准入开了门但业务没放开，企业“能进不能做”。特别是部分领域政策调整波动较大、新老政策不衔接，影响企业投资预期和意愿。三是新兴业务发展与国际不接轨，政府监管能力滞后。智能网联汽车、化妆品动物试验替代、贵金属租赁等先进技术和业务在国外发展较快，但由于我国部分行业法律法规跟不上，政府监管能力滞后，因此影响了新兴业务外资企业的进入。

（二）上海稳投资促发展的政策建议

投资对于上海未来的经济发展仍然至关重要，不仅是因为投资动力弱化构成经济增速的下移，投资还必须要保持一定的规模；更为重要的是，必须通过投资结构的率先转型引领经济结构的根本转型，也就是说，靠哪些投资来保持一定的投资规模是必须把握的（投向产能过剩领域的投资就只能带来新的产能过剩)。这既与政府合理配置公共资源有关，也与政府通过公共政策引导社会资源配置有关。可以从三方面入手：

第一，政府投资（体现了政府对公共资源的配置）重点是三大块：一是民生保障领域的投资，比如上文提到的居民收入“底部抬升”的相关投入，旧区改造、住房保障等投入，也包括环保领域的投入等；二是基础设施领域的投资。上海大规模城市建设基本完成，城市基础设施从“建设”转向“改造升级”，其间仍有巨大的投资空间，比如市政管线设施的升级改造，既存在投资增长空间，又是确保城市安全、提高居民生活质量的重要举措；又如信息基础设施的升级，对于上海国际大都市功能提升至关重要。三是科技创新领域的投资，这里面又分几种类型，一种是重大前瞻布局型的投资、基础性研发等，还是需要政府保障的；另一种是引导型的投资，政府的投资“四两拨千金”，主要是引导市场，如部分初创期的投入等；还有一种是环境营造型的投资，如部分公共技术平台等。总之是“市场失灵”的领域，政府一定要以适当的方式介入，保障创新生态系统的形成和良性运转，这应该是上海加快建设全球科创中心的重要内容。政府还可以通过适当的公共政策引导社会的投资，主要是两大块：一是通过 PPP 的制度设计，引导社会资本投入公共产品和公共服务领域；二是通过宏观政策设计，引导社会资本更多地投向能够形成经济增长点的领域。

第二，必要的工业投资是未来工业发展的重要条件，上海工业下一步既要稳定工业投资量，更要注重投资效率的不断提升。具体提出七方面建议：一是形成前沿技术追踪及应用机制。深入调研了解当前各行业的前沿技术及发展趋势，对重要创新技术进行年度动态跟踪，形成适合上海的“前沿技术曲线”，加强工业投资行业导向。二是革新招商引资和项目推进机制。把招商引资作为筛选优质新增产能的第一道“关口”，加强与规划等相关部门协调，进行前置协调规划，避免大项目推进中出现瓶颈问题。三是完善工业用地规划和出让机制。增强土地利用的规划弹性，根据产业生命周期和企业生命周期，完善用地弹性年期出让，增强土地供给方式对于产业供给变化的适应性。四是深化产业结构调整和园区转型机制。大力推进现有落户厂房设备的技术改造升级，加快淘汰转移落后低效产能，为新兴产业腾出增量空间。五是健全政府资金支持产业发展机制。引入市场化运作模式，促进财政资金与社会资本相结合，共同设立产业基金，发挥财政资金的杠杆和引导作用。减少政府资金直接拨款补助，创新间接投入方式，营造有利于吸引社会资本参与的市场环境。六是加快推进供给侧结构性改革。通过投资便利化措施降低制度性交易成本，加大对本市各类政府收费项目的清理。在基础设施、政策支持等方面优化工业发展环境。七是建立投资效率评估机制。建立投资效率评估机制，对各工业行业投资效率进行常态化评估。特别是技改投资占比大、增长快，建议尽快建立技改项目投资效率跟踪机制，监测投资效率变化，推动资源向高效行业流动。

第三，扩大开放增强外资吸引力，未来应重点关注利用外资增长的着力点。在全球外商直接投资增长波动性依然较强、跨国公司全球化战略布局加速重构等背景下，上海外资结构性调整的“换挡”阵痛将持续，新旧动能转换与各项促进利用外资政策效应释放尚需时日，继续保持对外资的竞争力和吸引力，仍需付出不懈努力。外资企业对稳定、公平、透明、可预期营商环境的需求，与开放不够充分、监管不能适应、服务效率和精准度有待提升之间的矛盾凸显。实现上海利用外资规模稳定和能级提升，关键在于营商环境的有效改善。在新增外资方面，要坚持以营造良好的营商环境为主线，把握国家出台扩大利用外资政策、自贸试验区负面清单等机遇，在金融服务、电信、互联网、文化、评级服务等外资新开放领域率提振外资信心。进一步发挥自贸试验区对外开放“压力测试”作用，力争在外资有较大进入意愿的互联网数据中心、国企混改、股权投资、融资租赁、医疗教育等方面实现突破。在存量外资再投资方面，上海在外企利润再投资、项目增资、跨国公司功能升级等方面有优势有潜力，应采取有针对性的措施。对于存量外资，要加快落实国家有关外资企业的利润再投资税收优惠政策为抓手，鼓励外资企业进行更新改造和延伸产业链投资，积极推进在沪跨国公司总部、研发中心升级，引导存量外资企业形成新的生产方式、产业形态和商业模式。

（执笔人：杨波、邹俊）

第十二章　重庆有效投资现状及思路研究

在全球经济徘徊缓慢复苏，国内经济下行压力加大的背景下，进一步扩大有效投资成为支撑经济稳定增长、拓展结构调整空间、增强转型发展后劲的有力抓手，也是加强供给侧结构性改革，“补短板”的关键着力点。十九大报告指出，我国经济已由高速增长阶段转向高质量发展阶段，正处于转变发展方式、优化经济结构、转换增长动力的攻关期，要贯彻新发展理念，坚持质量第一、效益优先，建设现代化经济体系；发挥投资对优化供给结构的关键性作用。当前重庆正处于新型工业化、城镇化快速发展阶段，基础设施、产业发展和民生领域仍有许多短板，投资仍有很大空间，发挥好有效投资对稳增长和调结构的关键作用，既保当前，又利长远。

一、直辖以来重庆投资概况

（一）重庆投资变化趋势分析

1. 投资对经济增长贡献趋势分析

（1）从需求端看，投资仍是经济增长的主要动力

自直辖以来，投资对重庆经济增长的贡献最大，1998—2017 年平均贡献率达到 59.5%。具体来看，“十五”时期，直辖的政策带动效应迅速释放，大规模基础设施建设启动，资本形成总额对经济增长的平均贡献率高

达 79.9%；“十一五”时期，“314”总体部署[1]、统筹城乡综合配套改革试验区、两江新区、国家中心城市建设等让重庆发展的国家战略地位不断提升，投资力度持续加大，但受适度从紧的宏观政策影响，“十一五”“十二五”时期，投资贡献率分别回落至 58.2%、49.0%（见表 12-1）。虽然在转方式调结构的宏观环境下，投资增速和投资贡献率总体下行，但投资贡献率仍占绝对比例，仍是重庆经济发展的主要动力。

表 12-1 直辖以来主要时间段重庆三大需求贡献变化情况（单位:%）

时间	最终消费贡献率	资本形成贡献率	区域净流出贡献率
1998—2000	55.8	51.1	-6.9
“十五”期间	42.5	79.9	-22.4
“十一五”期间	44.1	58.2	-2.3
“十二五”期间	48.0	49.0	3.0
2016	49.2	50.7	0.1
2017	49.8	50.7	-0.5

（2）从供给端看，资本是重庆经济增长的首要贡献要素

1998—2016 年资本要素对经济增长的平均贡献率达 60.8%，是重庆经济增长的首要贡献要素，虽然资本贡献率在“十一五”时期有所回调，但随着产业资本快速集聚，“十二五”资本对经济增长的贡献率逐步回升，2015 年达到 62.3%。技术进步贡献较高，1998—2016 年全要素生产率对重庆经济增长的贡献率为 39.2%，而劳动力贡献率相对较小，仅为 0%。鉴于资本对经济增长的贡献程度以及全要素生产率的提高也主要依赖于投资，当前加大投资力度仍是支撑经济增长的重要方式。运用生产函数法分析重庆经济潜在增长率变化趋势，资本形成增速将趋于稳定甚至略有下降，全要素生产率将不断提高，二者对重庆经济增长的贡献将持续保持在

[1] “314”总体部署是胡锦涛总书记为重庆发展提出的科学、系统的总体部署。三大定位：努力把重庆加快建设成为西部地区的重要增长极、长江上游地区的经济中心、城乡统筹发展的直辖市；一大目标：在西部地区率先实现全面建设小康社会目标；四大任务：加大以工促农、以城带乡力度，扎实推进社会主义新农村建设；切实转变经济增长方式，加快老工业基地调整改革步伐；着力解决好民生问题，积极构建社会主义和谐社会；全面加强城市建设，提高城市管理水平。

90%以上，未来重庆发展对资本和技术进步的需求空间依然较大，这些都需要投资来拉动。

2. **投资效率变化趋势分析**

（1）采用增量资本产出率指标评估

增量资本产出率（ICOR）是衡量一个国家或地区宏观投资效率好坏的重要指标，是资本存量变动与产出增量（△GDP）的比率，当不考虑固定资产折旧时，资本存量的变动等于资本形成总额。ICOR 反映一个单位的 GDP 增量需要多少个单位的投资拉动，边际资本产出比率越大表示投资效率越低，反之，边际资本产出比率越小则表示投资效率越高。1998—2016 年重庆 ICOR 平均为 4.94，具体看，1998—2010 年重庆 ICOR 逐步下降，并在 2010 年达到 3.95 的最低水平，“十一五”时期重庆 ICOR 平均水平为 4.46，显示出这段时期产业资本加快集聚带动投资效率有所提高；但是 2011 年以来，全市 ICOR 逐步回升，到 2016 年达到 5.57 的历史高点，投资效率逐步有所降低，与投资对经济增长的边际贡献逐步回落的趋势相符。详见表 12-2。

表 12-2　1998—2016 年重庆 ICOR 变化趋势

年份	资本形成总额（亿元）	ICOR
1998	599.10	5.29
1999	592.58	5.53
2000	700.89	5.00
2001	832.21	5.10
2002	1005.73	4.87
2003	1329.90	5.05
2004	1664.55	5.04
2005	1960.25	5.48
“十五”平均	1358.53	5.11
2006	2227.31	5.24
2007	2679.64	4.18

续表

年份	资本形成总额（亿元）	ICOR
2008	3239.50	4.42
2009	3818.61	4.51
2010	4576.55	3.95
“十一五”平均	3308.32	4.46
2011	5757.51	4.08
2012	6341.36	4.64
2013	6915.60	4.99
2014	7754.99	5.53
2015	8438.04	5.42
“十二五”平均	7041.5	4.93
2016	9551.64	5.57

数据来源：Wind（国家统计局）。

（2）采用固定资产交付使用率指标评估

固定资产交付使用率，是衡量建设过程中宏观投资效果的综合指标。一般来说，在有一定数量未完工程作为建设正常周转的条件下，交付使用的固定资产所占比重越大，未完工程所占比重越小，说明建设速度越快，效益越好。1998—2010 年重庆固定资产交付使用率逐步走低，显示出大量基础设施建设投资的增多延长了总体投资建设周期，而自 2011 年起，随着较多基建投资项目的建成以及产业投资的增多，投资建设速度不断提高，固定资产交付使用率呈现明显提升趋势。详见表 12-3。

表 12-3　1998—2017 年重庆固定资产交付使用率变化趋势

年份	新增固定资产（亿元）	固定资产交付使用率（%）
1998	369.3	74.1
1999	370.7	65.9
2000	436.4	66.6
2001	472.2	58.9
2002	686.9	69
2003	724.5	57

续表

年份	新增固定资产（亿元）	固定资产交付使用率（%）
2004	837.8	52
2005	1526.8	76
"十五"平均	-	62.6
2006	1381.7	56
2007	1808.7	57
2008	1614.8	40
2009	2802.7	53
2010	3522.3	51
"十一五"平均	-	51.4
2011	4619.6	61
2012	5822.2	62.1
2013	6917.5	61.7
2014	8463.3	64
2015	10387.5	67
"十二五"平均	-	63.2
2016	9612.1	55.4
2017	11856.2	68

数据来源：重庆市统计年鉴。

3. 投资水平与其他省市对比分析

分别选取东部和西部两个省进行比较，从资本形成率看，虽然重庆投资力度在"十五""十一五"时期有所加快，资本形成率逐步超过浙江和江苏，但自2011年起，陕西投资速度明显加快，资本形成率保持在65%以上，而重庆资本形成率回落至54%左右，与陕西差距有所拉开。详见表12-4。

表12-4　1998—2016年五省市资本形成率比较（单位:%）

年份	重庆	江苏	浙江	四川	陕西
1998	41.9	46.3	49.9	39.8	46.5
1999	40.0	46.6	46.9	39.5	45.6
2000	39.1	47.3	43.2	38.7	47.5

续表

年份	重庆	江苏	浙江	四川	陕西
2001	42.1	46.5	41.9	39.4	48.8
2002	45.0	45.3	43.3	40.7	49.6
2003	52.0	49.7	48.1	42.2	50.9
2004	54.9	53.0	49.4	42.8	50.3
2005	56.5	50.9	48.1	45.0	51.5
“十五”平均	50.1	49.1	46.2	42.0	50.2
2006	57.0	49.3	46.4	48.4	54.2
2007	57.3	48.1	46.2	49.6	60.2
2008	55.9	48.5	43.5	52.2	62.9
2009	58.5	51.0	46.1	54.6	66.7
2010	57.7	51.1	46.7	53.6	67.5
“十一五”平均	57.3	49.6	45.8	51.7	62.3
2011	57.5	51.0	45.6	52.6	67.8
2012	55.6	50.4	44.6	52.3	68.6
2013	54.6	48.4	45.5	51.4	68.8
2014	54.4	45.8	44.4	50.6	67.7
2015	53.7	43.6	44.0	49.3	66.0
“十二五”平均	55.2	47.8	44.8	51.2	67.8
2016	53.8	42.8	45.3	49.1	66.5

数据来源：Wind（国家统计局）。

从人均资本形成额看，重庆、江苏、浙江、四川、陕西五省市人均资本形成额均自1998年以来持续增加，其中“十二五”期间上涨幅度普遍加快。重庆人均资本形成额与陕西相差不大，但与江苏、浙江差距较大。详见表12-5。

表12-5 1998—2016年五省市人均固定资产投资额比较（单位：亿元/万人）

年份	重庆	江苏	浙江	四川	陕西
1998	19.58	46.25	55.71	16.79	17.85
1999	19.27	49.28	56.31	17.15	18.76
2000	22.67	55.20	57.72	17.69	23.51

续表

年份	重庆	江苏	浙江	四川	陕西
2001	26.87	59.73	62.67	19.60	26.80
2002	32.37	65.15	74.62	22.20	30.41
2003	42.49	83.48	99.65	25.85	35.70
2004	53.32	107.06	121.80	31.27	43.08
2005	70.06	126.59	131.66	40.50	54.47
“十五”平均	45.02	88.40	98.08	27.88	38.09
2006	79.32	142.01	146.53	51.45	68.80
2007	95.16	163.99	171.19	64.51	92.49
2008	114.11	195.61	182.15	80.79	122.22
2009	133.56	224.99	201.05	94.32	146.15
2010	158.63	269.07	237.75	114.60	182.98
“十一五”平均	116.16	199.14	187.74	81.13	122.53
2011	197.24	317.12	269.88	137.49	226.78
2012	215.33	344.17	282.28	154.73	264.19
2013	232.85	360.66	311.25	166.46	293.29
2014	259.24	374.37	323.66	177.22	317.40
2015	279.72	383.64	340.84	180.48	313.43
“十二五”平均	236.88	355.99	305.58	163.27	283.02
2016	313.37	414.09	382.72	195.66	338.52

数据来源：Wind（国家统计局）。

（二）重点投资领域比较分析

1. 制造业投资占比总体不高，仍有一定增长空间

随着重庆工业化步伐加快，重庆制造业投资比重迅速提升，2016 年达到 29.4%的高点，但总体仍低于全国平均水平（见图 12-1）。随着经济发展步入动力转换、提档升级阶段，技术研发投资正逐步成为带动产业投资的关键。2016 年重庆 R&D 经费支出占 GDP 比重 1.7%，低于全国 0.4 个百分点，汽车、电子信息等主要产业增强技术开发水平的动力和压力长期存在。

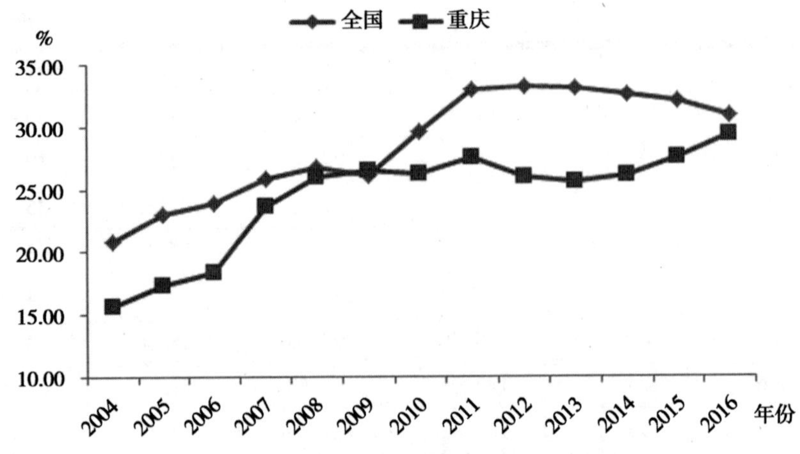

图 12-1　重庆及全国制造业投资占比情况

2. 电、气及水供应投资基本均衡，大幅增长可能性不大

重庆电力、燃气及水的生产和供应业投资占比与全国相似，均呈现下行趋势（见图 12-2），供给能力与社会需求逐步趋于相对均衡状态，未来投资大幅增长的可能性不大。但相关领域中地下管廊总体建设滞后，综合利用水平不高，投资“短板”较为突出。

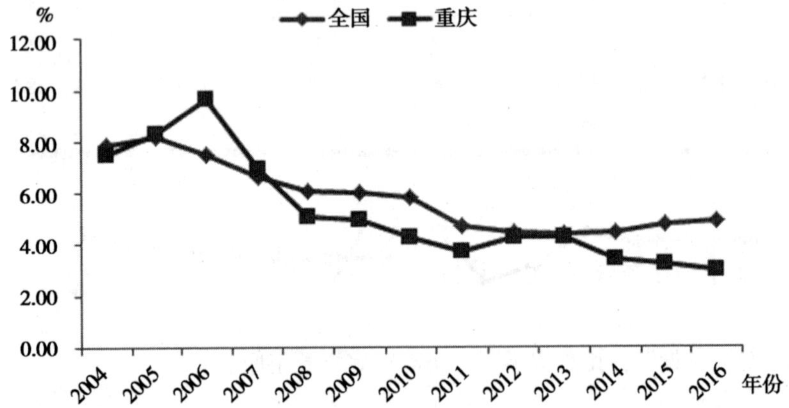

图 12-2　重庆及全国电力、燃气及水的生产和供应业投资占比情况

3. 房地产投资有所放缓，增量提升空间有限

重庆房地产投资占比高于全国平均水平，但 2014 年以后投资占比总体下行（见图 12-3），随着房地产业进入深度调整期，未来投资提升或动力

不足。

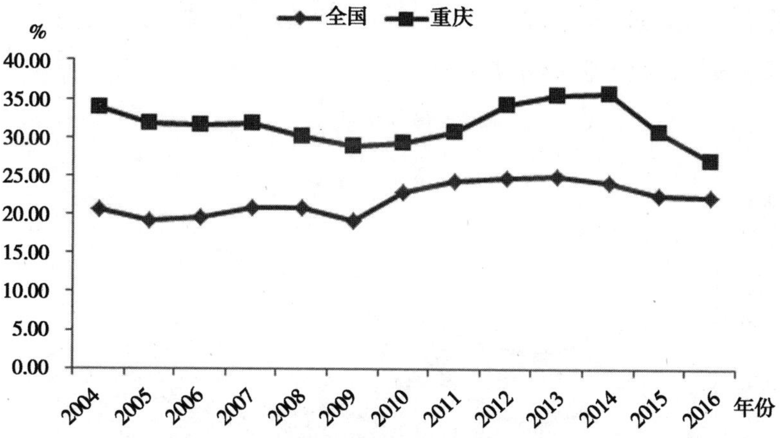

图 12-3　重庆及全国房地产业投资占比情况

4. **交通投资占比高于全国，增长态势较为稳健**

获益于国家对重庆建设国家中心城市的政策支持，交通投资保持较快增长，投资占比稳定高于全国水平（见图 12-4）。但交通运营里程和运输能力与经济社会发展和人民群众日益增长的出行需求仍存在一定差距。随着国家中心城市建设深入推进，重庆立体交通网络完善的投资空间较大，支撑交通投资继续保持稳健增长的有利于因素仍将集聚增多。

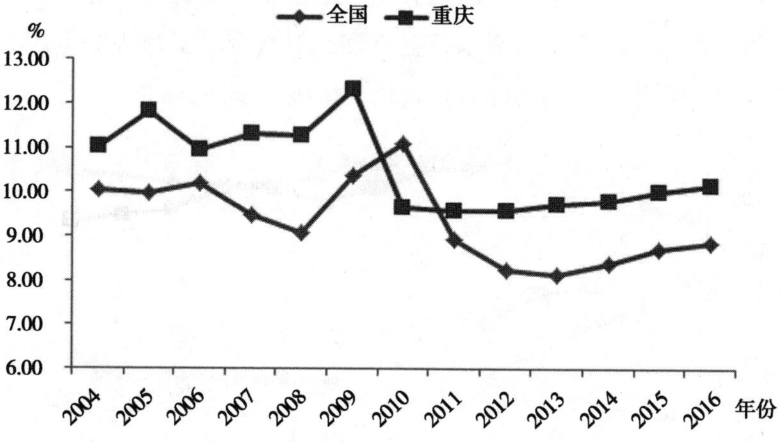

图 12-4　重庆及全国交通运输、仓储和邮政业投资占比情况

5. **科研及技术服务投资基数较低，增长潜力有待开发**

2004 年以来，与全国持续保持攀升态势不同，重庆科学研究、技术服

务和地质勘查业投资占比总体在低位震荡（见图 12-5）。在政府积极作为与市场竞争倒逼创新转型的背景下，科研及技术服务投资具有较大开发空间，但亟须优化改善创新环境。

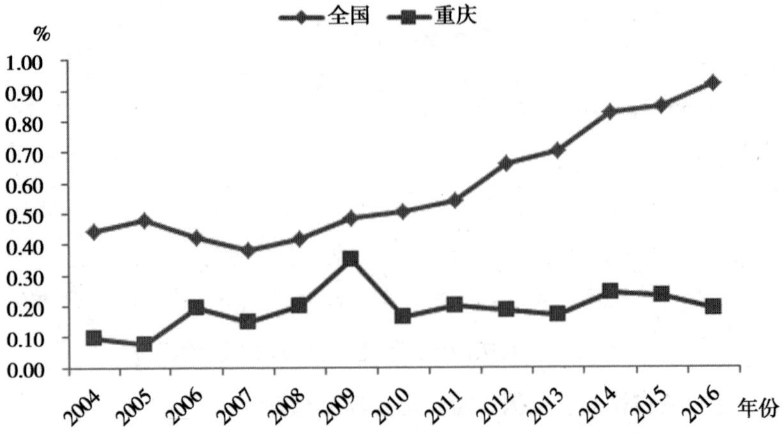

图 12-5 重庆及全国科学研究、技术服务和地质勘查业投资占比情况

6. **教育等公共服务投资占比下滑，社会需求持续增长**

重庆教育投资占比从高于全国平均水平逐步演变为与全国趋同（见图 12-6），总体投资力度有所减弱，与社会公众持续增长的需求不相匹配，尤其是优质教育资源供给不足问题突出。由于重庆正处于工业化、城市化加快发展阶段，高品质生活需求日益强烈，对教育、医疗等基本公共服务的需求还会持续增长，相关领域投资仍有待进一步加强。

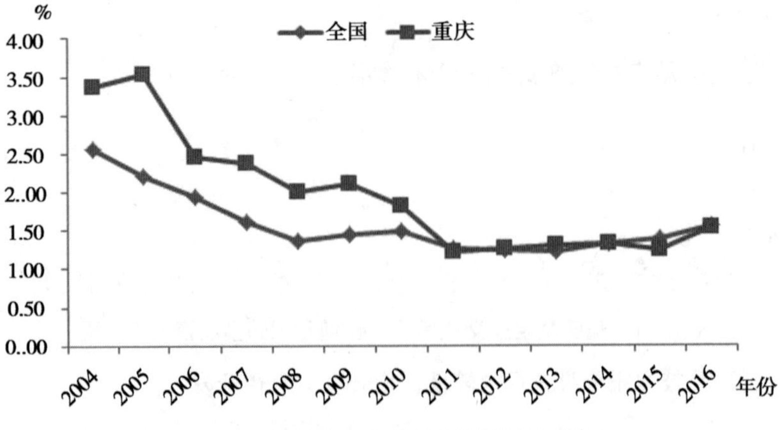

图 12-6 重庆及全国教育投资占比情况

二、当前及未来一段时期重庆有效投资思路

（一）有效投资的概念和范围

学术理论意义上的有效投资[1]，就是指对固定资产的形成真正做出贡献的投资额，即有效投资等于实际投资额减去固定资产投资运营过程中的各种无效投资。这里的无效投资主要包含三个部分，一是价格上涨带来的虚增投资，二是投资成本上升而造成的实际损失，三是相当一部分投资通过非正常渠道转化为消费基金。

近年来，国内经济研究领域专家对有效投资进行了广泛讨论，涉及的有效投资概念含义较广。专家观点提及较多的有效投资主要包括用于“补短板”、提高劳动生产率、满足国内消费者购买需求、降低交易费用、补足基础设施短板等领域的投资。还有一部分专家主要讨论不属于有效投资的领域，主要包括对环境和资源过度利用、产能过剩行业、投资效益低下等判断标准。

综上所述，课题组认为当前讨论的有效投资，主要是指产出能够满足社会需要而不是形成新增存货和积压的投资，且由于不同经济发展阶段面临的投资特征和社会环境不同，有效投资的内涵和外延也应当是一个动态概念。

（二）重庆扩大有效投资的总体思路

重庆作为我国中西部地区唯一的直辖市和国家中心城市，正深入贯彻落实习近平总书记对重庆提出的“两点”定位、“两地”“两高”目标和

[1] 余功斌．名义投资、实际投资、有效投资：对投资概念的一点不同认识［J］．投资研究，1989（5）．

四个扎实要求[1]。为充分展示重庆西部开发开放战略支撑作用，建设城乡统筹发展的国家中心城市，应坚持以提高经济发展质量和效益为中心，在尊重市场规律的基础上，找准稳增长和调结构、适度扩大有效需求和推进供给侧结构性改革的最佳结合。应重点围绕国家五大发展理念以及重庆发展阶段、战略定位、区域发展要求，统筹国土空间、产业布局、基础设施建设、人口规模和环境容量等基本情况，从确保实现全市发展一体化、区域发展差异化、资源利用最优化、整体功能最大化的总体要求出发，综合考量经济发展带动能力、民生改善效应、短期拉动效益、体量规模以及战略性、全局性影响等多个因素，进行有效投资方向性选择，其中，政府类投资项目侧重于提升投资效益和服务能力，市场类投资项目侧重于培育新的增长点、促进产业转型升级。

（三）重庆有效投资方向性选择

从重庆现阶段发展基础看，提升城市软硬件服务能力、推动产业转型升级、提升社会民生服务水平等方面应是扩大有效投资“补短板”的主要着力点。

综合服务领域。全市高速铁路、轨道交通、农村道路等基础设施水平与开放发展、居民生产生活需求还存在较大差距。一是应从建设内陆开放高地的角度出发，加快完善对外交通大通道及开放平台、枢纽，提升功能水平，提速推进高铁及站场等建设投资；二是应从城乡区域协调发展新格局角度出发，加快城乡基础设施互联互通建设投资，向高效便捷的交通网络提升发力。

经济发展领域。产业转型升级、创新发展、生态环保的发展需求较为迫切。一是从全面融入国家“一带一路”建设和长江经济带发展角度出发，重点推进内陆国际物流枢纽、自贸试验区、中新（重庆）战略性互联

---

[1] “两点”定位：西部大开发的重要战略支点，“一带一路”和长江经济带的联结点；“两地”目标：内陆开放高地，山清水秀美丽之地；“两高”目标：推动高质量发展，创造高品质生活；“四个扎实”要求：扎实贯彻新的发展理念、扎实做好保障和改善民生工作、扎实做好深化改革工作、扎实落实“三严三实”要求。

互通示范项目等建设，聚焦金融服务、航空、交通物流、信息通信技术等重点领域，加大新技术、新产业、新业务、新业态、新模式的项目投入。二是从构建产业新体系、培育发展新动能角度出发，以大数据智能化为引导，加大智能产业、战略性新兴产业的引入投资，加大传统产业转型升级的技改投入。

社会民生领域。全市养老、健康、文化、旅游等诸多领域还有很大发展空间，农村贫困人口脱贫任务艰巨。从创造高品质生活，促进共享发展角度出发，增加公共产品和公共服务领域投资，加大脱贫攻坚力度，坚持精准扶贫、精准脱贫，着力补齐贫困地区基础设施、特色产业、生态环保、基本公共服务等短板。

三、重庆有效投资应着力推进的重点领域及方向

（一）交通基础设施投资带动效应巨大

重庆对外高铁网络和高速公路网络建设，区域之间、城乡之间交通路网互联互通，以及城市轨道、城市内部道路扩容、农村道路服务能力等方面仍有较大需求空间。由于交通项目一般规模大、短期效益见效快、项目综合服务范围和时限较长，交通基础设施建设应继续成为当前重庆固定资产投资领域的重中之重。

重庆交通网络建设投资，应以功能性、枢纽型基础设施体系建设为重点方向。一是加大铁路网建设。重点构建“米”字形高铁网络，推进都市区环形铁路和各园区支线铁路，提高铁路货运分担率。二是加强高速路网建设投资。重点构建“三环十二射多联线”高速公路网，畅通对外出口，完善内部连接。三是推进城市路网建设。优先发展公共交通，加快建设“一环八线”415 千米城市轨道交通网，完善环状与放射状相交织的“蛛网型”市政道路网络。四是加快水运基础设施建设。重点提升长江上游航运中心能级，形成“一干两支四枢纽九重点”内河航运体系。五是推进航空基础设施建设。重点形成“一大四小”机场体系，加快推进通用航空机

场体系布局和建设。

（二）市政建设投资可及时发挥投资效益

新型城镇化是内需增长的最大动力，是经济结构调整的重要依托，加强城市基础设施建设是落实国家新型城镇化战略、提高城市建设质量的必然要求。城市建设实践也证明，城市基础设施建设具有“乘数效应”，能带来几倍于投资额的社会总需求和国民收入。

结合重庆国家中心城市建设导向和当前实际，针对大拆大建、城市内涝、环境污染等“城市病”，下一阶段市政建设投资应突出城市地下管网、信息基础设施完善，营造更加宜居宜业的城市环境，实现城市有序建设、功能完善、高效运行。一是地下综合管廊建设。逐步推开城市地下综合管廊建设，统筹各类管线敷设，综合利用地下空间资源，提高城市综合承载能力。实施基础设施补短板工程，推进“最后一公里”水电路气建设。二是信息基础设施建设。深入实施“互联网+”，建设通信信息枢纽和互联网经济高地。加快构建高速、移动、安全、泛在的新一代信息基础设施，建设国内领先的高速宽带网络。推进城市智慧管理，加强市政设施运行管理、交通管理、环境管理、应急管理等城市管理数字化平台建设和功能整合，建设综合性城市管理数据库。三是城市品质提升建设。大力推进棚改安居，稳步实施城中村改造，有序推进老旧住宅小区综合整治、危房和非成套住房改造，加快配套基础设施建设。推进海绵城市建设，加强立体停车场建设，健全公共服务设施，加强各类公园建设，打造绿色节能城市。

（三）能源投资更加偏重绿色低碳

能源消费呈现出能源需求总量增速放缓、结构加速转型，能源效率提升和能源消费结构低碳化、清洁化等特征。当前降低煤炭消费比重，提高天然气消费比重，大力发展水电、风电、地热能等可再生能源，加快页岩气开发和利用，构建绿色低碳能源体系，是能源领域投资的主要方向。

未来全市能源投资战略导向是大力发展清洁低碳能源，完善高效安全的能源输配体系。一是优化能源结构。统筹全市电力结构调整，推进长江、乌江、嘉陵江等干流和大溪河、大宁河等流域水电资源阶梯式开发利用。加快风电、太阳能、生物质能等清洁低碳能源开发。加快常规天然气和页岩气开发利用，加快 LNG、煤层气等清洁能源推广利用。二是能源管网建设。构建与周边互联互通的能源战略通道，合理布局外区送电通道，构建坚强的外区送受电骨干枢纽网架。推进智能电网和智慧能源系统建设，完善电动汽车充换电配套基础设施体系。完善天然气、页岩气集输管网与跨省市国家骨干天然气管道连接线，构建“四环二射”市域内输气主管网。

（四）农村农业领域投资补短板意义重大

全面小康的短板在“三农”，特别是在贫困地区。在全面建成小康社会的决胜阶段，应坚持问题导向，以协调发展理念补齐农业“四化同步”短板和农村“全面小康”短板。

针对全市农村地区基础设施、脱贫以及教育卫生领域存在问题，应加大强农、惠农、富民政策支持力度，补齐农业农村发展短板，加快推进“精准扶贫”。一是农村基础设施建设。实施新一轮农村电网改造升级工程，加快农村环境综合整治，着重推进保障饮水安全、大中型水库建设、节水型社会建设等重要领域投资。二是加快推进农村信息化。加速“硬件”设施配置，推进光纤网络延伸，有序推进行政村和自然村网络覆盖，着力破解偏远农村信息化基础设施薄弱的瓶颈。三是社会事业“补短板”建设。推动城镇公共服务向农村延伸，精准实施教育扶贫、医疗卫生扶贫，改善义务教育薄弱学校办学条件，推动公共文化体育设施和服务标准化建设，提高乡镇卫生院服务水平。

（五）生态环保投资领域任务重需求大

生态文明建设既有利于改善生态环境质量，又有利于改善经济增长效率。国家在资源环境、生态建设方面力度将会进一步加大，特别在环境治理领域，已明确实行最严格的环境保护制度，生态环境质量总体改善成为全面建成小康社会的目标要求之一。重庆作为三峡库区，是长江上游的重要生态屏障，生态环保领域投资的任务较重需求也较大。

重庆应坚持节约优先、保护优先、自然恢复为主，实施生态环境保护和治理，着力提高资源利用效率，促进生态环保产业发展。一是生态环境保护和治理。生态环境建设补短板工程，加强在土地修复、环境监测领域投资。加强垃圾处理设施建设，加快城市污水处理设施建设与改造。加大城市公园、公共绿化空间建设，全力推进广阳岛等重大生态项目建设。二是资源节约循环利用。节能减排建设，促进在工业节能、建筑节能、交通节能、终端能效提高等方面投资。三是拉动生态环保产业有效投资。加快制造业绿色制造，大力研发、研制、推广、应用节能环保新技术、新设备、新产品。

（六）产业投资要向融合升级方向发力

重庆经济正处于新旧动能转换的关键时期，取得的发展成绩与国家中心城市发展定位以及建设国家重要现代制造业基地的远景还存在较大差距，传统产业转型和新兴产业发展的投资需求空间巨大，需要有效投资引导优化产业空间布局，培育新的产业经济竞争优势和发展动能。

重庆产业投资应重点结合国家推动产业升级的政策措施，在增强制造业核心竞争力、培育发展新兴产业等投资方面加大鼓励扶持力度，策划一批有市场、有效益、提质扩能的重大项目。一是引导智能制造产业集群化投资发展。以大数据智能化为引领，大力发展智能制造产业，进一步巩固和扩大电子核心部件、物联网、机器人及智能装备、新材料、高端交通装备、新能源及智能汽车、页岩气、生物医药、环保产业等新兴制造业。二是积极培育发展战略性新兴服务业。针对优质教育医疗、养老养生、体育健康、生活服务等服务资源紧缺问题，增加优质服务产品有效供给。从打造产业集聚区域、培育专业人才体系、优化金融服务环节等方面，推进国家级战略性新兴服务业基地建设。加快培育金融、软件设计等服务外包、大健康及文化旅游服务、跨境电子商务及结算等战略性新兴服务业，提升大数据应用水平。三是鼓励加大传统优势产业技改投资。加快实施智能制造、技术改造、工业强基、质量品牌、服务型制造、绿色制造等六大工程，支持汽车、装备等产业转型发展、做大做强。促进商贸流通、餐饮住宿、家政、养老等服务业提档升级。

专栏：重庆产业投资“补短板”的主导方向概述

重点引导加大智能产业投资。1. 人工智能。加大通用芯片、面向应用加强人脸识别、语音识别、3D 快速建模、跨媒体感知计算等人工智能专用芯片设计制造，以及软硬件开发等，构建完善的人工智能产业链条。2. 集成电路。加大对集成电路相关 IP（知识产权）、Know－How（技术诀窍）的研发、积累、引进力度，围绕人工智能、智能硬件、智能传感、汽车电子、工业互联网等产品方向，加快引进培育一批集成电路设计龙头企业。3. 智能超算。加快建设面向社会开放，实现资源共享的高性能智能超算中心，联合国内超算领域龙头企业和高校，聚焦智能产业和智能化应用，合作共建具有超强计算能力的智能超算中心，以产业发展需求为导向，积极引进以企业为主体的高水平超算研究院。4. 物联网。补齐 MEMS 传感器、通信模组设计制造等短板，围绕信息感知环节，强化温度、压力、流量等传统传感器提档升级，加快建设硬件制造、系统集成、运营服务“三位一体”的产业体系。5. 汽车电子。重点发展汽车电子电控核心技术，加大车身电子企业的引进培育力度，补齐车载电子核心产品短板。6. 智能机器人。同步推动工业机器人和服务机器人发展，着力突破关键零部件和核心技术，构建完善的智能机器人研发、测试、制造、集成、服务体系。7. 智能硬件。加快引进、培育一批消费类智能硬件龙头企业，进一步巩固智能手机、智能穿戴等优势产品全球战略地位。重点导入智能家居、智慧医疗等终端产品，丰富现有产品种类，构建完善的智能硬件产业集群。8. 智能网联汽车。重点突破汽车整车智能、车网融合、多源信息融合、信息安全、整车控制（VCU）、电机控制（MCU）、电池管理（BMS）、整车轻量化、混合动力（HEV）等关键技术，加快新能源汽车发展，完善智能网联汽车产业链条。9. 智能制造装备。加快智能制造核心装备的引进培育力度，鼓励本地企业研发精密齿轮磨床、金属 3D 打印机等先进制造装备，引进和培育智能机床、激光加工装备等智能制造装备生产企业。

有效提升新兴服务业投资能力，促进服务经济提速发展。1. 推进国内重要功能性金融中心建设投资，强化金融结算、资金融通、保险保障、金融普惠等功能，完善“全牌照”金融体系、跨境金融结算、要素市场业务功能拓展等。2. 顺应国际贸易转型升级趋势，充分利用渝新欧铁路和水陆空口岸优势，做大做强保税商品展示及保税贸易，加大保税物流、保税加工、保税服务、保税展销、集散分拨、维修检测、委内加工等业务投资。3. 继续发展总部贸易和转口贸易。4. 促进大健康文化旅游服务业发展，提升文化、旅游、体育、健康养老、教育医疗、休闲度假等项目的服务提供能力，大力发展数字内容产业。5. 提升研发设计、信息服务、法律会计、商业咨询、软件服务等专业服务投资力度。6. 加大第三方物流投资力度，建设全程配送网络体系，加快城市配送及冷链服务业发展。7. 发展跨境电子商务，加大跨境电商口岸通关、国际配送和结算相关项目投资建设。8. 发展互联网云计算大数据产业链，依托云计算数据中心优势，引进培育数据储存、加工、增值应用企业。9. 扩大软件设计等服务外包项目的支持力度。10. 逐步探索促进政府公共服务市场化项目的稳步发展。

农业方面，重点推动转变农业发展方式。推动农业发展转型升级。大力发展现代特色效益农业，构建柑橘、生态渔业、草食牲畜、茶叶、榨菜、中药材、调味品等特色优势农产品产业体系，大力发展良种繁育、标准化种养殖基地、加工储藏、冷链物流、后期研发等，构建农业全产业链。

（执笔人：李丹妮、张佳、赵伦、罗丛生、易小光、丁瑶、余贵玲）